A DIDÁTICA DAS CIÊNCIAS

JEAN-PIERRE ASTOLFI
MICHEL DEVELAY

tradução
Magda Sento Sé Fonseca

A DIDÁTICA DAS CIÊNCIAS

PAPIRUS EDITORA

Título original em francês: *La didactique des sciences*
© Presses Universitaires de France, 1989

Tradução	Magda Sento Sé Fonseca
Capa	Francis Rodrigues
Copidesque	Luiz Arthur Pagani
Diagramação	DPG Editora
Revisão	Anna Carolina Garcia de Souza, Maria A. Balduíno Cintra, Regina M. Seco e Vera Luciana Morandim

Dados Internacionais de Catalogação na Publicação (CIP)
(Câmara Brasileira do Livro, SP, Brasil)

Astolfi, Jean-Pierre
    A didática das ciências/Jean-Pierre Astolfi, Michel Develay; tradução Magda Sento Sé Fonseca. – 16ª ed. – Campinas, SP: Papirus, 2012.

Bibliografia.
ISBN 978-85-308-0116-8

1. Ciências – Estudo e ensino I. Develay, Michel. II. Título.

12-11047	CDD-507

Índice para catálogo sistemático:

1. Ciências: Estudos e ensino	507
2. Didática: Ciências	507

16ª Edição – 2012
9ª Reimpressão – 2025
Tiragem: 40 exs.

Exceto no caso de citações, a grafia deste livro está atualizada segundo o Acordo Ortográfico da Língua Portuguesa adotado no Brasil a partir de 2009.

Proibida a reprodução total ou parcial da obra de acordo com a lei 9.610/98.
Editora afiliada à Associação Brasileira dos Direitos Reprográficos (ABDR).

DIREITOS RESERVADOS PARA A LÍNGUA PORTUGUESA:
© M.R. Cornacchia Editora Ltda. – Papirus Editora
R. Barata Ribeiro, 79, sala 316 – CEP 13023-030 – Vila Itapura
Fone: (19) 3790-1300 – Campinas – São Paulo – Brasil
E-mail: editora@papirus.com.br – www.papirus.com.br

SUMÁRIO

1. EMERGÊNCIA PROGRESSIVA DA DIDÁTICA
    DAS CIÊNCIAS 7
    I.   Quanto aos dicionários e enciclopédias 7
    II. Quanto às publicações em ciências humanas 8
    III. Ciências da educação e didática das ciências?
    Pedagogia e didática? 10

2. DIDÁTICA DAS CIÊNCIAS E REFLEXÕES
    EPISTEMOLÓGICAS 15
    I.   O exemplo da fecundação 16
    II. O exemplo da noção de calor 21
    III. Epistemologia e didática 25

3. OS CONCEITOS DA DIDÁTICA DAS CIÊNCIAS 33
    I.   Representações e saberes 33
    II. A transposição didática 43
    III. Os objetivos-obstáculos 58
    IV. Outros conceitos em didática das ciências 65

4. DIDÁTICA DAS CIÊNCIAS E PROCESSO
   DE APRENDIZAGEM. 67
   I. A iniciação metodológica às ciências 70
   II. A consideração didática das representações 80
   III. Simbolização e conceitualização 86
   IV. A modelização 94

5. OS MODOS DE INTERVENÇÃO DIDÁTICA E SUA
   FORMALIZAÇÃO POR MODELOS PEDAGÓGICOS 99
   *I. Exemplos de famílias de modelos pedagógicos saídos
   de diferentes áreas de pesquisa* 100
   II. O modelo pedagógico por investigação-estruturação 104

6. DIDÁTICA DAS CIÊNCIAS E FORMAÇÃO
   DOS PROFESSORES 111
   I. As características de uma formação de professores 112
   *II. Áreas e modalidades de uma formação de professores
   de ciências na didática.* 115
   III. Por uma formação pela pesquisa 117

BIBLIOGRAFIA. 121

1
EMERGÊNCIA PROGRESSIVA DA DIDÁTICA DAS CIÊNCIAS

As ideias parecem quase sempre nascer na instantaneidade do momento em que são expressas. Parecem não ter passado. Ora, essas ideias constituem frequentemente a retaguarda de paradigmas mais fundamentais que lhes deram forma.

Um histórico da Didática deve permitir situar esse corpo de ideias que nascem em relação às ciências da educação em geral, e à pedagogia em particular.

I. Quanto aos dicionários e enciclopédias

É o adjetivo *didático* que primeiro aparece na Idade Média: em 1554, relata o *Grand Larousse encyclopédique*. O termo vem do grego *didaktitos* e se aplica então a um gênero de poesia que toma como assunto a exposição de uma doutrina, de conhecimentos científicos ou técnicos.

Urge citar a *Didactica magna*, de Comenius – cuja edição tcheca data de 1649 e a edição latina de 1657 –, a primeira tentativa sintética de constituição da pedagogia em ciência autônoma, e para conceber o docente como "servidor da natureza".

O advérbio *didaticamente* é admitido pela Academia em 1835, e o substantivo masculino *didatismo* aparece em meados do século XIX.

Quanto ao substantivo feminino, a *Didática*, não figura nem no *Darmstetter* de 1888, nem no *Robert* em 10 volumes, nem no *Quillet* em 6 volumes, nem no *Larousse encyclopédique* em 1961 ou no seu suplemento, o *Lexis* de 1977. É o *Robert* de 1955 e o *Littré* em sua edição de 1960 que citam a didática como "arte de ensinar".

Assim podemos deduzir que em torno de 1955 o substantivo feminino *didática* aparece formado para os catálogos de conhecimento. Ele remete de maneira geral ao ensino, sem precisões particulares.

II. Quanto às publicações em ciências humanas

Em seus *Annales des recherches en éducation dans le monde*, V. de Landsheere cita W. Lay como autor de *"Experimentelle didaktik*, primeira grande obra de pedagogia experimental em 1903".

H. Aebli[1] propõe-se em 1951 a renovar os métodos da didática a partir das concepções operatórias da inteligência que foram desenvolvidas por J. Piaget. Sugere que se faça da didática uma disciplina comprometida com o sentido de regra de conduta. Assim, desde a origem, a didática mantém estreitos elos com a psicologia genética, da qual constituirá a aplicação no campo da educação.

D. Lacombe escreverá na *Encyclopedia Universalis* em 1968:

Atualmente, o termo didática é utilizado principalmente como quase-sinônimo de pedagogia ou mesmo simplesmente ensino. No entanto, se forem excetuados os inúmeros casos em que seu emprego

---

1. Hans Aebli, *Didactique psychologique*, Neuchatel: Delauchaux & Niestlé, 1951.

8 Papirus Editora

ressalta somente afetação estilística, o termo didática desperta determinadas ressonâncias que são a marca de uma abordagem particular dos problemas de ensino... Esta (a didática) não constitui nem uma disciplina, nem uma subdisciplina, nem mesmo um feixe de disciplinas, mas uma atitude, ou mais precisamente um determinado modo de análise dos fenômenos do ensino.

Nota-se que, originalmente, a didática não é claramente diferenciada da ciência que se ocupa dos problemas do ensino, a pedagogia.

E. De Corte,[2] com o objetivo de conferir à didática um estatuto científico, propõe que seja compreendida como uma metodologia geral dedutiva e propõe o neologismo didaxologia para uma metodologia geral baseada na pesquisa empírica. Entretanto, ele confessa suas dificuldades em separar a didática da didaxologia: "A didaxologia é um elemento da ciência do ensino. É impossível indicar claramente a demarcação entre a ciência do ensino e a didaxologia, considerando a imbricação mútua das estruturas". De Corte não estaria falando de pedagogia ao falar de didática e de didática ao utilizar o neologismo didaxologia?

Uma obra coordenada por A. Giordan, certamente o primeiro em ciências experimentais, precisará o campo da didática das ciências experimentais em relação ao ensino em geral.[3] Na introdução, os autores expõem quais conjunturas permitem fundar pesquisas em didática das ciências:

> ... as duas próximas décadas serão capitais em matérias de educação científica... A pesquisa em didática é um primeiro estudo crítico teórico para tentar fundar práticas pedagógicas não mais sobre a tradição ou o empirismo, mas sobre uma abordagem racional dessas questões... De fato, a apropriação do saber sempre foi abordada, pelos pedagogos que se interessavam por isso, de maneira doutrinária. Se se quer ter alguma chance de ultrapassar esta etapa,

---

2. E. De Corte et al., Les fondements de l'action didactique, Bruxelles: De Boeck, 1979.
3. André Giordan, Jean-Pierre Astolfi, Michel Develay et al., L'éleve et/ou Les connaissances scientifiques, Berna: Peter Lang, 1983.

certamente será necessário uma abordagem fixada num *corpus* de hipóteses pedagógicas, apoiadas por abordagens epistemológicas e psicológicas.

Assim encontra-se afirmado por volta dos anos 1980-1985 o lugar da didática, integrando dois tipos de reflexão, de natureza epistemológica, e fundando por via de consequência, sem ditá-las, possíveis práticas pedagógicas. A didática se distancia em relação à pedagogia. Mas isso fica evidente? As reflexões didáticas e pedagógicas são claramente distinguíveis?

III. Ciências da educação e didática das ciências? Pedagogia e didática?

Os autores precedentes mostraram o difícil lugar que a didática tinha a encontrar em nível especulativo: a didática é um método, uma técnica, uma ciência, uma praxiologia? O lugar institucional da didática não está mais claro. Deve existir na universidade ligada à área de biologia, de física ou de química, ou à área das ciências da educação? No primeiro caso existe o risco de uma reflexão didática fundada muito exclusivamente sobre as especificidades dos saberes de referência, sobre sua estrutura, sua epistemologia e sua história. No segundo caso, não é menor o perigo de só levar em conta a aprendizagem em sua dimensão mais geral e de voltar a uma didática psicológica.

G. Mialaret, um dos três pais fundadores institucionais das ciências da educação com M. Debesse e J. Château, propunha em 1976 um quadro de recapitulação das ciências da educação que situa a didática como uma das componentes das ciências da relação pedagógica.

O mesmo autor, quinze anos mais tarde, em 1982, num número da revista *Les Sciences de l'Éducation: Pour l'Ère nouvelle*, propõe uma nova classificação das ciências da educação. As relações hierárquicas, desta vez, são invertidas: a didática inclui a pedagogia e permite conceber as condições da transmissão, ou seja, a pedagogia. Uma inversão do sentido da palavra *didática* foi então operada. Inicialmente, o adjetivo correspondia a um método geral sem conteúdo particular. Atualmente, o substantivo corresponde a uma implicação dos conteúdos e tem a ver com a apropriação de saberes precisos.

Ph. Meirieu[4] questiona-se sobre o lugar respectivo da didática e da pedagogia. Conclui:

> Através dos inúmeros debates que opõem a pedagogia centrada na criança e a didática centrada nos saberes, refrata-se um problema filosófico muito antigo junto com oposições que são estéreis – porque a aprendizagem é precisamente a pesquisa – a prospecção permanente nessas áreas e o esforço para colocá-las em contato. Seria preciso enfim, que se chegasse a deixar esse método que consiste em pensar sempre sobre o modo da variação em sentido inverso, em dizer que mais me interesso pelo aluno, menos me interesso pelo saber ou mais me interesso pelo saber, menos me interesso pelo aluno...

Para esse autor, a aprendizagem é que é capaz de integrar ambas as reflexões necessárias, de essência pedagógica e didática.

G. Avanzini[5] salienta a respeito dessa reconciliação entre a didática e a pedagogia que "a pesquisa didática tem todo seu alcance e amplitude, mas só os alcança quando levada em conta dentro de um conjunto mais vasto, e com a condição de aceitar o fator de irracionalidade, de casualidade, que a abordagem experimental pretende em vão reduzir, mas que a consideração das situações reais obriga a introduzir na compreensão da vitória ou do fracasso escolar".

Assim, duas aproximações dos elos entre didática e pedagogia estão atualmente enunciadas. Num caso, didática e pedagogia estão claramente individualizadas e não se leva em conta a segunda no quadro

---

4. Philippe Meirieu, Pédagogie et didactique, *in Didactique? Pédagogie Générale?*, Nancy, MAFPEN, 1987.

5. Guy Avanzini, A propos de la didactique, *in Didactique et didactiques aujourd'hui*, *Revue Binet-Simon*, n. 606, 1986.

das pesquisas em didática. A pesquisa em didática pode então remeter quase que exclusivamente a uma reflexão epistemológica unicamente capaz de fundar uma lógica dos saberes a ensinar. A didática pararia na porta da classe. É o que alguns sugerem.

No outro caso, considera-se que a didática e a pedagogia podem em teoria se diferenciar, mas que na prática devem se integrar numa reflexão mais geral a respeito das aprendizagens em ciências experimentais. Então a pesquisa em didática não pode parar nas portas da classe e não pode ignorar a noção de modelo pedagógico (ele só é da didática quando em relação a um conjunto de finalidades). Toda sugestão didática integra nesta segunda abordagem uma reflexão epistemológica (aquela que pode dar conta da lógica dos saberes biológicos, físicos ou químicos), uma reflexão psicológica (aquela que pode dar conta da lógica da apropriação dos saberes em geral) e uma reflexão pedagógica (aquela que se ancora mais ainda nas ciências da relação). A reflexão didática permite nessa ótica traduzir em atos pedagógicos uma intervenção educativa, sendo agora o docente um eterno artesão de gênio que deve contextualizar as ferramentas que lhe propõe a pesquisa em didática em função das condições de suas práticas.

Para J.-P. Astolfi,[6] nessa segunda ótica a abordagem didática trabalha:

– de um lado, acima da reflexão pedagógica, levando em conta os conteúdos do ensino como objetos de estudo. A didática permite, então, a referência dos principais conceitos que funcionam na disciplina e análise de suas relações. Ela se interessa por sua história, suas retificações respectivas, as modalidades de sua introdução no ensino. Examina o funcionamento social desses conceitos, as práticas sociais às quais eles remetem... As ideias

---

6. Jean-Pierre Astolfi, La didactique: c'est prendre de distances avec la pratique... pour mieux y revenir, *in EPS Contenus et didactique, Actes du Colloque*, Paris: SNEP, 1986.

de tramas conceituais, de níveis de formulação, de transposição didática, de práticas sociais de referência estão aqui presentes;
– e, de outro lado, abaixo, aprofundando a análise das situações de classe para melhor compreender do interior como isso funciona e o que está em jogo. O estudo das representações dos alunos, de seus modos de raciocínio e da maneira como decodificam as expectativas do ensino intervém nesse assunto. Mas também a análise do modo de intervenção do docente a fim de lhe sugerir uma gama de possibilidades e não seu fechamento numa modalidade única de intervenções.

Convém ainda precisar que a didática das ciências experimentais não se reduz ao curso de ciências. Interessa-se por todas as situações de apropriação de saberes científicos. O museu, a exposição, assim como os textos ou os documentos icônicos constituem outros exemplos disso.

No quadro desta obra, nós nos interessaremos quase que exclusivamente pelas situações de aprendizagem e de ensino escolares.

2
DIDÁTICA DAS CIÊNCIAS E REFLEXÕES EPISTEMOLÓGICAS

A reflexão epistemológica propõe-se um exame da estrutura do saber ensinado: quais são os principais conceitos que funcionam na disciplina, quais relações unem esses conceitos (qual é então o *status* numa disciplina dada da noção de lei, de teoria), quais retificações sucessivas de sentido se produzem numa história desses conceitos (quais obstáculos foram levantados em sua estrutura). Esta epistemologia escolar deveria permitir inferir consequências didáticas.

Para abordar essa reflexão epistemológica nos ateremos primeiramente ao aspecto da história das ciências biológicas e das ciências físicas, interessando-nos pela história de dois conceitos: os de fecundação e de calor. Enfocaremos em seguida a relação epistemologia-didática.

I. O exemplo da fecundação

1. Abordagem histórica – Em *Le mythe de la procréation à l'âge baroque*, P. Darmon[1] retraça as grandes etapas do conceito de fecundação ao longo da história. Vamos nos utilizar dele, assim como da *Histoire de la biologie* de A. Giordan.[2]

Para os autores gregos, a reprodução é sinônimo de dupla semente:

– Para Hipócrates (350 a.c.), o feto é simplesmente fruto da mistura das sementes feminina e masculina. Donde o nome de seminismo atribuído a esse sistema explicativo. O homem e a mulher emitem cada um uma semente que é um extrato de todas as partes de seu corpo, mas especialmente do cérebro. Descendo pelo canal da medula espinhal, as duas sementes se misturam na matriz para formar um germe de embrião. Quando os líquidos seminais estão integralmente misturados na matriz, se espessam e se enchem de espíritos sob o efeito do calor do corpo materno. O espírito muito quente é expelido enquanto a respiração da mãe introduz um espírito frio. Esta alternância de espíritos quente e frio faz nascer a vida e assegura a formação de uma dupla película na superfície da mistura. Entretanto, o sangue menstrual, cuja evacuação é suprimida, alimenta doravante o feto e, coagulando, torna-se carne. Essa carne se articula à medida que cresce, e é o espírito que lhe dá forma colocando cada coisa em seu lugar.

– Aristóteles (384-322 a.C.) professa, ele também, um sistema seminista, mas, diferentemente de Hipócrates, estima que o líquido espargido pela mulher durante o coito é desprovido de essência de vida. O princípio profílico só está contido na semente do macho, em forma de um fluido etéreo e sutil.

---

1. Pierre Darmon, *Le mythe de la procréation à l'âge baroque*, Paris: Seuil, "Histoire", 1981.
2. André Giordan (org.), *Histoire de la biologie*, Paris: Lavoisier, 1987.

A função da mulher resumia-se ao fornecimento do sangue menstrual, matéria bruta e inerte, mas necessária à formação e à alimentação do feto. O princípio de Aristóteles reside, então, inteiramente sobre a superioridade do macho no processo de reprodução. Introduz a partir daí um prejulgamento de inspiração misógina nos sistemas de geração.

- Durante toda a Idade Média, de Aristóteles a Descartes, o pensamento é imutável. Harvey, no entanto, em 1651, examinando matrizes de cervos, descobre os ovários que ele chama de... testículos. Atribui-lhes, aliás, apenas uma função anexa.

- De Graaf, em 1672, qualifica como ovários os testículos femininos de Harvey e descreve os folículos que toma como os próprios ovos. "Esses ovos, que transitam pelas Trompas de Falópio, são fecundados pela *aura seminalis*, espécie de vapor etéreo que se desprende do esperma masculino". Assim, pode-se dizer que De Graaf é o pai do ovismo. De Graaf se explica: "Creio – diz ele – que todos os animais, e mesmo o homem, extraem sua origem de um ovo, não de um ovo formado na matriz pela semente, ao gosto de Aristóteles, ou pela virtude do sêmen segundo Harvey, mas de um ovo que existe antes do coito nos testículos das fêmeas".

- Quase no mesmo período, Hamm e Leuwenhoeck, graças ao microscópio, descobrem os espermatozoides no esperma. Estes, qualificados de vermes, de peixes, girinos, animálculos, destronam o ovo de De Graaf. É conferida a eles a origem do homem. Vão ajudar o macho a reencontrar seu prestígio criador que o ovismo lhe havia tirado um tempo. "Eis então toda a fecundidade que havia sido atribuída às mulheres devolvida aos machos", dirá Maupertuis em 1745.

- Esta descoberta dos animálculos gera toda uma série de descobertas animalculistas. Andry escreverá: "Esses vermes espermáticos, que estão em um movimento contínuo, vão dentro da cavidade da matriz. Encontram esse ovo, dão a volta, correm por cima. Os mais hábeis encontram o orifício que se formou quando o ovo se desprendeu do ovário. Nesse lugar, há uma válvula que permite ao verme entrar dentro do ovo, mas que o impede de sair dele, porque se fecha de dentro para fora. Essa válvula é mantida presa pela cauda do verme, que se comprime contra ela, de modo que não é mais possível abri-la de fora para dentro: o que faz com que um outro verme não saiba entrar".

– Quanto a Maupertuis e Buffon, eles fundam o moleculismo: "As sementes macho e fêmea são constituídas de partículas orgânicas submetidas a uma atração recíproca. As partículas dessas duas sementes, que são destinadas a formar o coração, a cabeça, as entranhas, os braços, as pernas, têm entre si uma grande relação de afinidade. São, aliás, dotadas de um instinto animal, aproximam-se do que lhes interessa e fogem do que lhes é nocivo. Quanto aos pretensos animálculos, eles têm outra função que é a de facilitar, através de seu movimento, a agitação molecular".

Assim, no fim do século XVIII, dois grandes corpos de ideias se opõem no que se refere ao conceito de fecundação:

– *Os epigenistas:* como Hipócrates e Aristóteles, com sua teoria da dupla semente, como Maupertuis e Buffon e os epigenistas moleculistas, que consideram que o embrião (o termo data de 1361) se forma gradualmente por elaboração de partes novas que não existem em germe.

– *Os preformistas:* que acreditam que o novo ser não se forma, mas existe em miniatura e por inteiro no germe. Este cresce, desdobra-se para resultar o ser vivo. Maupertuis evoca a analogia com essas "pequenas estátuas escondidas umas dentro das outras como aquelas obras da torre de França onde o obreiro deleitou-se em admirar a direção de seu cinzel, formando cem caixas que, contendo-se umas as outras, estão todas contidas na última".

Há duas espécies de preformistas:

- *Os ovistas*, tais como De Graaf ou Linné, que acreditam ter visto num ovário de mulher um feto monstruoso.

- *Os animalculistas*, tais como Leuwenhoeck ou Harstoecker, para quem o espermatozoide humano guarda um homúnculo bem constituído.

O desenvolvimento da embriologia e a observação da fecundação no microscópio trarão progressivamente um golpe fatal às teorias preformistas e será Hertwig, em 1885 (há apenas cem anos), quem, com sua nova teoria da fecundação, atingirá certo consenso da comunidade científica. Tendo sido essa teoria ulteriormente modificada principalmente pelas contribuições da genética.

2. A ideia de ruptura e de obstáculo – A abordagem histórica desse conceito de fecundação nos revela a não linearidade de um certo progresso do pensamento científico, mas um desenvolvimento progressivo com avanços e recuos durante o qual é possível pontuar obstáculos, tanto é verdade que as teorias não se constituem por uma adição sucessiva de fatos novos, mas por rupturas.

G. Bachelard, o primeiro,[3] escreve: "É em termos de obstáculos que se deve colocar o problema do conhecimento científico. É dentro do próprio ato de conhecer que nós mostraremos causas de estagnação e mesmo de regressão, é aí que nós distinguiremos causas de inércia que chamaremos obstáculos epistemológicos".

No que diz respeito aos preformistas e aos epigenistas, pode-se identificar obstáculos de natureza diferente. Sem pretender a exaustão podemos diferenciar vários tipos deles:

- *Obstáculos conceituais:* para chegar às conclusões de Hertwig seria preciso identificar o ovo de galinha não fecundado como

---

3. Gaston Bachelard, *La formation de l'esprit scientifique*, Paris: Vrin, 1938.

uma estrutura monocelular e assim caracterizar o vitelo e a vesícula germinativa.

A teoria celular atribuída a Schwann data apenas de 1842 (cf. o capítulo de V. Host em *Histoire de la biologie*, de A. Giordan) e até essa época, e mesmo depois, óvulo e espermatozoide não podiam ser encarados como duas células, e portanto semelhantes, em razão de sua grande diferença de tamanho.

Os preformistas tinham dificuldades em admitir que "um mais um dá um outro", para retomar a fórmula de A. Langaney.[4]

- *Obstáculos psicológicos e ideológicos:* espermatistas e ovistas que se opunham certamente não tinham a mesma imagem da função da mulher e do homem na procriação... e na sociedade.
- *Obstáculos ideológicos e teológicos:* Jean Rostand[5] lembra

o papel que desempenhou o pensamento cristão, e mais precisamente o pensamento agostiniano, no nascimento e principalmente no pronto sucesso da doutrina dos germes preexistentes. A teoria da preexistência dos germes colocava na origem dos seres um milagre global, concluído de uma vez por todas. Depois dessa doutrina, a natureza era vista como algo puramente passivo; ela aparecia como algo incapaz de produzir um ser vivo por si mesma. E, claro, tudo o que se retirava da natureza, atribuía-se a Deus. Contudo, alguns contestavam essa visão que tende a privar Deus de uma marca singular de divindade (que seria o poder de continuar a fazer pela conservação do mundo o que ele havia feito inicialmente para produzi-lo). Enquanto outros observavam que era supérfluo mobilizar todos os germes no princípio, já que as mesmas leis, pelas quais Deus criou os primeiros seres, subsistem ainda hoje com a capacidade de se produzirem outros.

---

4. André Langaney, *Le sexe et l'innovation*, Paris: Le Seuil, 1979.
5. Jean Rostand, *Maternité et biologie*, Paris: Gallimard, col. "Idées", 1975.

- Outras causas possíveis para os obstáculos poderiam ser identificadas. J.D. Watson[6] evoca assim o peso das personalidades e das tradições culturais, as disputas por prestígio, a necessidade de afirmação pessoal e de sua posição social, o desejo de poder.

II. O exemplo da noção de calor*

1. Abordagem histórica – A elaboração da noção de calor é igualmente instrutiva se acompanhada em sua história. Irá, também, mostrar uma evolução por duas correntes diferentes, e se atualmente a descrição mantida tende muito para uma, as contribuições da outra foram comprovadamente fundamentais: a progressão da primeira só pôde se fazer tomando empréstimos da segunda e vice-versa.

Um artigo de F. Halbwachs[7] analisa esta construção histórica e inúmeros autores referem-se a ela no campo da didática.[8] O calor, e isto até hoje, sempre teve duplo estatuto:

- calorimétrico, por um lado, traduzindo uma abordagem experimental dirigindo-se muito rapidamente às medidas e procurando explicitamente ou não, uma quantidade conservadora;
- energético, por outro lado, mais voltado à pesquisa de novas causas, dependente de um encaminhamento modalizador, no qual se tenta introduzir resultados de experiências.

A) *A primeira corrente, qualificada de substancialista, pode ser ilustrada por algumas grandes figuras.* – A primeira tentativa de descrição

---

6. James D. Watson, *La double hélice*, Paris: Lafont, 1968.
* Os autores agradecem a Jacques Toussaint pela redação desse parágrafo.
7. Francis Halbwachs, "Histoire de la chaleur", *in Cuide*, n. 17, Université Paris VII, Paris, 1980.
8. Jacqueline Agabra, Jacques Toussaint e Jean-Louis Trellu, *in Eclairages sur l'énergie, Aster*, n. 2, Paris: INPR, 1986.

do calor remonta à Antiguidade e às quatro qualidades da matéria de Aristóteles: o calor, o frio, a umidade e a aridez, correspondendo aos quatro estados desta mesma matéria: o fogo, a água, a terra, o ar. A combinação dois a dois das qualidades precedentes permitia a Aristóteles criar um dos quatro estados. Há, é claro, nesse sistema explicativo, indistinção entre qualidade e substância, o que conduzirá à indagação sobre o caráter preponderante do calor e do frio.

Para o poeta latino Lucrécio, o calor escorre do sol, o frio, dos rios, e o fogo, que é constituído de uma substância muito sutil, pode transferir-se através dos poros da matéria.

Esta representação será encontrada até a Renascença em autores como Gassendi, Boyle e Galileu.

São as primeiras pesquisas no campo da química que vão dar, no século XVIII, um caráter científico à noção de calor, propondo um quadro teórico aos resultados experimentais do momento. Nascerá então a ideia do flogístico (ideia de Stahl e Becher por volta de 1720) que será adotada por uma grande maioria de químicos. O flogísitico é uma substância contida em todo o corpo e que só se manifesta, através de sua separação da matéria, quando se dá a combustão; o que ocorre antes da oxidação, como dizemos hoje em dia. O flogístico estaria unido a uma "cal metálica" que se encontra após a combustão e que é o óxido. Este sistema explicativo dava conta, num sentido ou em outro, das inúmeras combustões de corpos metálicos que se realizavam experimentalmente nessa época. No entanto, o flogístico nunca pôde explicar a massa superior do óxido formado com a do metal no início, para poder qualificá-lo de massa negativa. Deve-se dizer que os problemas de massa não preocupavam muito os químicos de então.

As bases da química moderna colocadas por Lavoisier (1775), comportando em particular a conservação da massa global quando de uma reação química, destruirão esta teoria e esta substância maligna.

Mas o calor não se manifesta unicamente nas combustões. Ele contribui na variação de temperatura de um corpo, mesmo quando este é tomado isoladamente.

Na mesma época, no início do século XVIII, uma segunda teoria do calor-substância se desenvolverá paralelamente ao flogístico (e não contraditoriamente). É a teoria do calórico enunciada por Wolff em 1720. Esta substância impregnaria toda a matéria e como toda substância seria indetectável quando o corpo estivesse em equilíbrio térmico. Só poderia ser detectada quando o equilíbrio fosse rompido porque seria permutada com outro corpo. As variações de temperatura dos corpos indicariam os deslocamentos deste calórico, do corpo mais quente para o corpo mais frio. A temperatura aparece aqui como um "grau" de calor, uma medida que vai permitir prever o sentido e os valores das trocas. Black (1760) detalha de maneira muito precisa as propriedades deste calórico, mostrando muito claramente a diferença conceitual entre calor e temperatura em particular (da qual Farenheit indica os caracteres experimentais). O calor torna-se uma grandeza mensurável, aditiva e que deixa entrever as propriedades de conservação.

No entanto, os sucessos aparentes dessa teoria do calórico irão chocar-se com um obstáculo maior: o da massa da substância. Por mais nociva que ela seja, apesar dos esforços de Rumford, não será possível mostrar sua existência.

B) *A segunda corrente, mecanista, caminha paralelamente à primeira.* – A teoria mecanista considera a matéria como particular, sendo o calor uma troca de movimento entre essas partículas.

Desde a Antiguidade, Platão formulava a hipótese de que o fogo punha em movimento as partículas da matéria e que o ar as comprimia. Para ele, o aquecimento de um corpo conduz a um aumento de seu volume, a sua dilatação.

As proposições concordantes de Kepler, Bacon (1620), Descartes (1664), Boyle (1665) e Huyghens (1690) descrevem os estados térmicos de um corpo em termos de movimentos ou de vibrações de partículas de matéria. Mas o calor continua sendo uma grandeza essencialmente sensível (logo não objetivável) podendo ser transmitida por contato. Sobre tais bases, não será possível ultrapassar o nível qualitativo, nem explicar, por exemplo, a repartição do calor entre dois materiais diferentes. A distinção entre calor e temperatura não aparece.

Esta abordagem é principalmente uma teoria da temperatura.

C) *Laplace e A.-L. de Lavoisier, numa exposição comum* (1784), *realizarão a síntese entre as teorias mecanistas e substancialistas.* – Introduzirão a noção de quantidade de calor contida num corpo, como a força viva das vibrações, distinta dessas vibrações, distinta da temperatura que é uma medida da agitação das partículas. É notável que essa teoria tenha podido evoluir apesar de não se apoiar em qualquer argumento experimental direto.

Clausius, Maxwell (1860) e Boltzmann (1870) tornarão coerentes as intuições de Lavoisier e Laplace. Gibbs (1900) integrará os resultados experimentais na teoria com a termodinâmica estatística.

2. Novamente, a importância dos obstáculos – A hipótese de Platão permaneceu ignorada durante muito tempo, pois ela interrogava o porquê do fenômeno e considerava a estrutura interna da matéria. A descrição de Aristóteles, mais ligada aos fenômenos sensíveis, tinha mais aceitação. Essa situação mostra que certamente é difícil desligar-se das primeiras impressões, dar o passo que separa a observação da experimentação.

É o termômetro que criará a ruptura necessária para os defensores do calor-substância.

A assimilação do calor a uma substância continua eficaz ainda hoje para os problemas de isolação. Mas, em contrapartida, esta visão impede que se compreenda a equivalência entre o calor (que nesta concepção pode ser assimilado como um fluido) e o trabalho mecânico (conceito abstrato produzido por uma força em deslocamento).

Como em outros campos da física (em eletricidade, por exemplo), a substancialização do fenômeno cria um obstáculo, que em geral só é ultrapassado pela ruptura criada pela passagem do qualitativo ao quantitativo, através da introdução de medidas.

Outro obstáculo importante, digno de ser lido neste histórico da noção de calor, é a transferência das ferramentas da mecânica no campo dos fenômenos térmicos. As analogias são numerosas nas descrições de Descartes, Huyghens e Leibniz, mecânicos notáveis que procuravam descrever os fenômenos térmicos com modelos da mecânica.

III. Epistemologia e didática

A abordagem histórica tal como consideramos anteriormente, isto é, a história das ideias e não a história dos homens, esclarece-nos sobre as condições de produções do saber.

Esta reflexão epistemológica – que se interessa pelos métodos, princípios e conclusões de uma ciência – coloca quatro perguntas fundamentais no plano filosófico e também no plano didático: O que é um conceito científico? Qual o lugar dos fatos na descoberta? Qual pode ser a função didática da noção de obstáculo epistemológico? Como pensar as leis e as teorias?

Mas, antes de voltar a essas quatro questões, devemos justificar o interesse da reflexão epistemológica em relação à didática.

1. As contribuições da epistemologia em didática – A função do ensino científico é dupla: dar aos alunos-chave essenciais permitindo-lhes responder a questões científicas e técnicas em sua vida cotidiana e, ao mesmo tempo, desenvolver neles atitudes, métodos de pensamento que se aproximem dos que as ciências lançam mão em seu laboratório. Na abordagem do real, o aluno deveria então se comportar de maneira semelhante a um douto... se as referências epistemológicas que caracterizam o trabalho deste último são fundadas e se as vias pelas quais se efetua a aprendizagem dessas referências também são confiáveis. Ora, dessas constatações apreende-se que os princípios psicopedagógicos sobre os quais se baseia a escola para instaurar aprendizagens científicas são características de uma epistemologia hoje amplamente recolocada em questão.

Ilustremos esse assunto com alguns exemplos:

- A metodologia da pesquisa científica se apoia nos escritos de C. Bernard e no esquema chamado OHERIC (O = observação, H = hipótese, E = experiência, R = resultados, I = interpretação, C = conclusão). Os trabalhos de M.D. Grmek[9] a respeito do

---

9. Mirko D. Grmek, *Raisonnement expérimental e recherches toxicologiques chez C. Bernard*, Genebra: Droz, 1973.

A didática das ciências   25

raciocínio experimental e das pesquisas toxicológicas de acordo com C. Bernard mostraram que esse resumo metodológico não passava de uma reconstrução intelectual *a posteriori* e que não era o método universal como o autor o considerava. Ora, esse método OHERIC fundou há muito tempo e ainda funda atualmente o encaminhamento e exposição de um curso de ciências experimentais.

— As contribuições de G. Bachelard e de seus discípulos G. Canguilhem e F. Dagognet ilustraram durante muitas décadas o caráter descontínuo da construção dos conceitos com as ideias de obstáculo epistemológico e de ruptura epistemológica, dentre as quais T.S. Kuhn qualifica algumas como "revolução científica".[10]

Ao mesmo tempo a ciência – excetuada algumas vezes nos programas de filosofia – é frequentemente apresentada através de seus resultados atuais. Se a ciência é considerada no nível de sua construção, então é mostrada como uma acumulação de contribuições pessoais, indo todas no mesmo sentido de uma clarificação de um real preexistente que uma carência de métodos ou de técnicas nos impediria de descobrir.[11]

— K. Popper[12] indagou-se sobre a distinção entre o caráter científico ou não científico de enunciados e consagrou a noção de refutabilidade. Ao mesmo tempo, em classe, no primeiro grau, no segundo, ou na universidade, seleciona-se geralmente uma "experiência crucial" para ilustrar uma teoria.

Assim, a didática deve olhar para a epistemologia contemporânea se os princípios sobre os quais se apoia para propor um ensino das ciências experimentais têm alguma validade.

---

10. Thomas S. Kuhn, *La structure des révolutions scientifiques*, Paris: Flammarion, 1975.
11. Pode-se também remeter ao livro de Alan F. Chalmers *Qu'est-ce que la science?*, Paris: La Découverte, 1987.
12. Karl R. Popper, *Logique de la découverte scientifique*, Paris: Payot, 1973.

2. Alguns conceitos epistemológicos que podem concorrer para fundar uma didática das ciências.

A) *A noção de fato* – Enquanto os matemáticos ou a lógica se desenvolvem sem se preocupar em propor uma representação do real, as ciências da natureza elaboram conceitos que se organizam em sistemas conceituais para explicar realidades existentes. O objetivo das ciências é uma descrição tão exata quanto possível dos fatos (observados ou produzidos experimentalmente).

Mas os fatos jamais são evidentes. Nunca se impõem de repente, e pode-se dizer que eles nunca existem *a priori*, nem isoladamente. Os fatos só têm sentido em relação a um sistema de pensamento, em relação a uma teoria preexistente.

Assim, para A. Giordan:[13]

– Um fato dado pode ser considerado diferentemente segundo a importância que lhe é atribuída. Leuwenhoeck adota logo de início o espermatozoide como suporte do germe proveniente do pai. Por outro lado, os ovistas e os epigenistas, que nada têm a ver com este último, negam sua existência durante mais de um século ou encontram-lhe uma outra origem ou ainda urna função anexa.

– Um mesmo fato científico pode ser interpretado diferentemente. Wolff se interessa pela embriologia do frango fazendo observações precisas sobre as novas estruturas que aparecem quando se quebram diariamente os ovos fecundados. Seus trabalhos vão assim no sentido da epigenesia. Haller recusará esta visão por várias razões. Particularmente, pensava ele, porque é impossível que o feto tenha podido, num momento qualquer, estar privado de coração, uma vez que é dentro deste órgão que reside o princípio de vida e de todo movimento.

---

13. André Giordan, *in Cahiers d'Histoire et de Philosophie des Sciences*, 10, Paris: A. Colin, 1984.

B) *A noção de obstáculo epistemológico* – G. Bachelard[14] propõe que se empreenda uma verdadeira psicanálise do conhecimento para que nasçam os obstáculos do conhecimento. Esses obstáculos constituem o que se opõe ao progresso da racionalidade de uma maneira obscura e indireta, porque surge do âmago do inconsciente coletivo.

M. Sanner[15] desenvolve este tema da existência de um inconsciente do pensamento científico, explicando tratar-se de uma volta a nossa infância, para melhor assegurar, em seus fundamentos, as estruturas de nossa racionalidade; como nossas convicções têm uma história que se confunde com aquela de nossa infância e uma forma racional que lhes são dadas, elas são apenas um resultado.

G. Bachelard, desenvolvendo a noção de obstáculo epistemológico, convida-nos a pensar a ciência mais em termos de ruptura que em termos de continuidade. Uma nova história das ciências está para ser escrita então por G. Canguilhem.[16] "Esta história não pode mais ser uma coleção de biografias, nem um quadro das doutrinas à maneira de uma história natural. Deve ser uma história das filiações conceituais. Mas essa filiação tem um estatuto de descontinuidade, assim como a hereditariedade mendeliana. A história das ciências deve ser tão exigente, tão crítica, quanto o é a própria ciência. Em se querendo obter filiações sem ruptura, confundir-se-iam todos os valores, os sonhos e os programas, os pressentimentos e as antecipações. Encontrar-se-ia em toda parte antecipações de tudo".

T.S. Kuhn distinguirá os conceitos próprios a cada ciência (massa, reflexo, ácido), o sistema de conjunto chamado teoria (teoria de Newton ou teoria da evolução) e enfim os novos paradigmas, modelos comuns a todo um conjunto de disciplinas a um dado momento do progresso científico. Haverá "revolução científica" oposta à "ciência normal" quando houver mudança de paradigma.

---

14. Gaston Bachelard, *op. cit.*
15. Michel Sanner, *Du concept au fantasme*, Paris: PUF, 1983.
16. Georges Canguilhem, *Etudes d'histoire et de philosophie des sciences*, Paris: Vrin, 1968.

C) *Conceitos científicos, leis e teorias.*

a) Os conceitos científicos (força, respiração, átomo ou ecossistema) não são da mesma natureza que os conceitos linguísticos (mesa, banheira, liberdade ou felicidade), ou que os conceitos matemáticos (número, tangente, diferencial).

O conceito científico não designa um fato bruto, mas uma relação que pode reaparecer em situações diversas. Os conceitos de força ou de respiração explicam inúmeras situações. A consequência disto é que os conceitos científicos apresentam duas características inseparáveis: permitem explicar e prever.

O conceito científico se exprime por uma frase ou um código gráfico ou matemático. Mas se distingue do conceito matemático pelo conjunto das regras e das obrigações que permitem colocá-lo em correspondência com o conjunto dos objetivos do universo. O matemático constrói seus próprios objetos enquanto o físico ou o biólogo leva em conta um real que preexiste e que resiste, e que ele vai procurar explicar. Consequentemente, os conceitos científicos têm um campo explicativo que não é extensivo, e um trabalho importante reside em sua delimitação que indicaria os limites de seu campo de legitimidade. Da mesma maneira que um medicamento só é válido entre certos limites, um conceito só é explicativo dentro de certas delimitações.

Um conceito científico dado pode ser definido de diversas maneiras. Muitas vezes essas definições podem ser hierarquizadas, isto é, a extensão do campo de legitimidade do conceito é acompanhada de uma diminuição do número de caracteres que permite defini-lo. Fala-se agora de nível ou de registro de formulação do conceito. O conceito de respiração pode ser definido como uma troca gasosa no nível pulmonar, como um mecanismo de oxidação celular, como um fenômeno de óxido-redução no nível das ultraestruturas... O conceito de luz pode ser definido sucessivamente como aquilo que é emitido por uma fonte material e se propaga em linha reta num meio homogêneo, como decomponível em um espectro, como transportando energia, como constituído de radiações eletromagnéticas... Os conceitos científicos só são realmente operacionais se se sabe medir o nível de formulações que responde ao problema colocado (para uma formação de mutualistas a respiração deveria ser abordada primeiramente como um mecanismo de ventilação, sendo os outros níveis de formulação não operatórios).

Os conceitos científicos não são ordenados num seguimento linear, mas cada conceito se encontra no nó de uma rede complexa que envolve em geral várias disciplinas. A esse respeito pode-se falar de rede conceitual ou de trama conceitual (ver cap. III).

b) As leis científicas organizam os fatos em conjuntos coerentes. Se as leis da física ou da mecânica são, muitas vezes, expressas por fórmulas matemáticas, as leis em biologia traduzem, na maioria dos casos, relações causais, com no mais das relações levantando estatísticas, logo, tendo caráter probabilista. É interessante se perguntar sobre o *status* da causa na lei. Percebe-se então frequentemente que se estabelecem leis causais quando é possível, numa escala dada, desprezar a interação dos diferentes fatores do real. E é um julgamento de valor que nos permite decidir o que é insignificante do ponto de vista em que se coloca o observador.[17]

Quadro I – Epistemologia e questões didáticas

As características de uma epistemologia contemporânea das ciências	*O questionamento didático correspondente*
A metodologia geral da pesquisa emprestada por C. Bernard para as ciências da natureza não é do tipo OHERIC, versão simplificadora que não dá conta do caráter abundante e imprevisível da descoberta.	Que tipos de encaminhamentos de aprendizagem permitem um ensino calcado num método dogmático?
Os fatos em ciências tomam sentido em relação a um sistema de pensamento preexistente.	Como apresentar certos fatos mostrando que deram origem a interpretações diversas ao longo da história em função do estado de pensamento da época?

---

17. Pode-se remeter especialmente a duas obras: Michel Delsol, *Cause, loi e hasard em biologie*, Paris: Vrin, 1985; Jeanne Parain-Vial, *Philosophie des sciences de la nature*, Paris: Klincksieck, 1983.

As características de uma epistemologia contemporânea das ciências	*O questionamento didático correspondente*
A construção de conceitos ao longo da história efetuou-se por retificações sucessivas, cada etapa contendo em si diferentes obstáculos epistemológicos que são às vezes levantados posteriormente.	Pode-se, por um conceito dado, e por diversas etapas de sua construção, enfocar os diferentes obstáculos que foram ultrapassados ao longo da história?
A ciência não se limita a suas produções atuais e estas não estão terminadas.	Como mostrar as lacunas ainda presentes em relação aos conceitos ensinados e as atuais vias de pesquisa às quais elas conduzem?
A construção da ciência não corresponde a uma pesquisa qualquer de um ideal de verdade sem elo com o funcionamento das sociedades humanas.	Quais exemplos atuais e passados podem mostrar as lacunas das pesquisas em ciências?
Os conceitos científicos são antes de tudo respostas a problemas.	Como pensar um ensino científico por resolução de problemas?
Um conceito científico tem um poder explicativo e preditivo por ser antes de tudo uma relação desvinculada de situações concretas que lhe deram sentido.	Como permitir aos conceitos construídos em classe ter uma função preditiva?
Um conceito só é explicativo no interior de um campo de validade que deve ser limitado.	Pensa-se em limitar os conceitos durante a aprendizagem?
Um conceito científico pode ser formulado de maneira hierárquica em relação a diferentes níveis de abstração.	Quais são os registros de formulação para um conceito dado?
Os conceitos não são ordenados em série linear, mas cada conceito científico se encontra no centro de um nó numa rede conceitual.	A colocação de uma situação de aprendizagem para um conceito dado leva em conta o campo conceitual desse conceito?
As leis científicas consideram muitas vezes apenas uma causa, a mais importante para explicar uma situação dada.	Como é possível fornecer explicações e ao mesmo tempo introduzir a dúvida sobre essas explicações?
As teorias são geralmente modelizadas e o modelo corresponde apenas a uma construção figurada, abstrata, do real.	O modelo e o real: os limites do modelo, o que ele permite explicar e o que ele não explica. Este questionamento está presente no nível do processo de aprendizagem?

c) Quanto às teorias, elas unem as leis e os fatos em uma unidade coerente na maioria das vezes traduzida por um modelo. A questão amplamente debatida pela epistemologia contemporânea é a anterioridade dos fatos em relação à teoria, ou o inverso. Tudo leva atualmente a pensar que a teoria precede os fatos. "Para que um objeto seja acessível à análise, não basta percebê-lo. É preciso ainda que uma teoria esteja pronta para acolhê-lo."[18]

Quanto ao modelo que constitui a representação figurada da teoria, o cientista sabe que ele é apenas uma muleta para o pensamento e em caso algum a própria realidade. Ninguém jamais viu os *quarks* e no entanto eles foram modelizados.

3. Quais consequências didáticas retirar da reflexão epistemológica?

– O quadro da página precedente concretiza as relações entre uma epistemologia de referência e um questionamento didático a ser levado em conta em toda situação de apropriação de conhecimentos (quadro I).

---

18. François Jacob, *La logique du vivant*, Paris: Galimard, 1970.

3
OS CONCEITOS DA DIDÁTICA DAS CIÊNCIAS

Se a emergência da didática está ligada a uma análise interativa de dados psicológicos e epistemológicos, esta se define melhor por uma análise particular dos conceitos que ela faz funcionar. Alguns dentre eles foram objeto de empréstimos às áreas vizinhas com as inevitáveis remodelagens que deles decorrem, outros foram especificamente forjados em seu novo quadro teórico.

I. Representações e saberes

O conceito utilizado em didática das ciências, cujo sucesso foi o mais espetacular durante os dez últimos anos, é seguramente o de representação. Trata-se no entanto de um conceito importado da psicologia, especialmente genética e social, o que explica um pouco sua diversidade de emprego.

1. A ideia de representação de um conceito – O ponto de partida da ideia de representação tornou-se clássico a partir dos trabalhos de

Bachelard, Piaget e Bruner... É que toda aprendizagem vem interferir com um "já-existente" conceitual que, ainda que falso num plano científico, serve de sistema de explicação eficaz e funcional para o docente.

As pesquisas em didática têm assim explorado de maneira sistemática diversos campos conceituais das ciências experimentais, tais como respiração, reprodução, energia, calor e temperatura, fotossíntese... e esclareceram dados com os quais todo projeto de aculturação científica deve, de uma maneira ou de outra, compor. De tal forma que ensinar um conceito de biologia, física ou química, não pode mais se limitar a um fornecimento de informações e de estruturas correspondendo ao estado da ciência do momento, mesmo se estas são eminentemente necessárias. Pois esses dados só serão eficazmente integrados pelo docente se chegarem a transformar de modo durável suas preconcepções. Ou seja, uma verdadeira aprendizagem científica se define no mínimo tanto pelas transformações conceituais que produz no indivíduo quanto pelo produto de saber que lhe é dispensado.

A tomada de consciência da importância de tais pré-saberes estruturados, com os quais o ensino é inevitavelmente confrontado, iniciou com a formação de adultos, o que é compreensível.[1] Nesse contexto particular, o formador tem inicialmente, por um período determinado, um público que, é claro, teve anteriormente formação escolar e intelectual. É certamente por isso que nele apareceu mais precocemente que em formação inicial a necessidade de proceder a uma análise do "nível de entrada" dos formados.

Outros estudos, igualmente clássicos, versaram em seguida sobre as concepções de estudantes em relação às noções que são o objeto de seu curso. Tal como o de L. Viennot que fez com que se revelasse, com uma amplitude surpreendentemente, o enorme desvio entre os conceitos formais impostos para responder aos problemas canônicos de proposições

---

1.   Jean Migne. "Pédagogie et représentations", *Education permanente*, 8, 1970; Werner Ackermann Radmila Zygouris, "Représentation et assimilation des connaissances scientifiques", *Bulletin du Cerp*, 1-2, 1973-1974.

comuns e as representações que coexistem de maneira funcional para resolver questões menos clássicas.[2]

Assim, se for perguntado aos estudantes quais forças são exercidas sobre a bola de um malabarista em diferentes momentos de sua corrida, obtém-se respostas surpreendentes para seu nível de estudos. Apesar dos conhecimentos formais, eles estabelecem, de fato, espontaneamente, uma relação entre força e velocidade, mais do que entre força e aceleração. Sabem muito bem que, como nos ensinou Newton, a gravidade age apenas uma vez que a bola é lançada, e que essa força – dirigida para baixo – intervém apenas para *modificar* o movimento (que se efetua para cima ou para baixo). Sabem que não é a existência de um movimento, mas uma modificação deste que traduz a ação de uma força.

O autor lembra a questão colocada com escrúpulos por ser a resposta, sobre o plano formal, muito evidente: "As forças exercidas sobre cada um dos móveis (bolas de um malabarista, massas oscilantes) *no instante do choque* são idênticas entre si? (despreza-se a resistência do ar)". Se a resposta é evidentemente *sim,* os resultados mostraram que não havia para eles aí qualquer evidência apesar dos conhecimentos declarativos que possuíam.

Os estudos, desde então, se multiplicaram em diferentes conceitos e níveis, fazendo surgir a cada vez:[3]

1. A variedade *a priori* insuspeitável das representações possíveis nos docentes interrogados.

---

2. Laurence Viennot, *Raisonnement spontané en dynamique élémentaire*, Paris: Hermann, 1979.
3. Trata-se de toda uma literatura que precisaria ser citada aqui. Ver particularmente: Série *Activités d'éveil scientifique à 'école élémentaire*, col. "Recherches pédagogique", 74, 86, 108, Paris: INRP, 1975, 1976, 1980; André Giordan (coord.), *L'élève et/ou les connaissances scientifiques*, Berna: Peter Lang, 1983; Rosalind Driver, Edith Guesne, Andrée Tiberghien, *Children's ideas in science*. Milton Keynes (Inglaterra): Open Univ. Press, 1985; Equipe de pesquisa Aster, *Procédures d'apprentissage en sciences expérimentales*, Paris: INRP, 1985; André Giordan, Gérard de Vecchi, *Les origines du savoir*, Neuchâtel e Paris: Delachaux & Niestlé, 1987.

2. A lentidão das transformações cognitivas reais além das aprendizagens e avaliações a curto prazo.

3. A coexistência de vários sistemas paralelos de interpretação, diferentemente mobilizados segundo os contextos e as situações.

2. O *status* didático das representações – De maneira bastante esquemática, podem-se reconhecer três problemáticas principais nos estudos de representações, que correspondem às vezes a evoluções dentro das próprias equipes de pesquisa.

A) *A "categoria" das representações* – Em diversos trabalhos, realizou-se um esforço em recolher, através de questionários, entrevistas, desenhos etc., as representações de um grande número de alunos, para um conceito e um nível dados.

Determina-se assim, progressivamente, uma espécie de "geografia pré-nocional", útil de se conhecer para fundar o ponto de partida de um ensinamento. Por exemplo, enquetes efetuadas em diferentes níveis da escolaridade sobre as concepções que os alunos têm sobre o que é vivo ou não mostraram o lugar central que nelas ocupa o critério do movimento, seja este autônomo ou provocado.

Se se propõe a alunos do pré-primário (seis anos), e também aos de 5ª série (11 anos), uma coleção de fotografias perguntando-lhes, em cada caso, se é ou não ser vivo, e por que, obtêm-se frequentemente respostas positivas para o relógio (porque o ponteiro gira), o ventilador (porque faz vento), o televisor (porque se mexe), o sol (porque ilumina), as nuvens, as cascatas... Em todos os casos é o movimento que serve de indicador para responder. Isto é igualmente verdade para as respostas positivas concernentes aos "verdadeiros" seres vivos: o rato (porque anda e se mexe), a serpente (se arrasta).

As respostas são mais frequentemente negativas, o que se pode compreender, para o grão de trigo, o ovo, a flor cortada, a árvore no inverno, e para o bicho preguiça!

Algumas perguntas, finalmente, merecem uma menção particular. Entre os jovens, uma fração considerável classifica entre os viventes as fotos com fundo escuro, entre os não viventes as fotos de fundo claro. As razões pelas quais a água é classificada entre os viventes são variadas: o movimento já citado (cascata), o fato "de que não pode morrer (aparência tautológica do "é vivente porque não morre nunca"), sua capacidade de conter seres vivos ("é ser vivo porque tem peixes").[4]

Esta primeira abordagem, a mais imediata, corresponde muitas vezes aos trabalhos que se realizam na iniciação do conhecimento das representações. Pode-se ler nela uma espécie de fascinação por esse universo, que não suspeitam nem mesmo os textos oficiais, os manuais escolares nem as progressões pedagógicas clássicas. Seu interesse é o de uma tomada de consciência do caráter irredutível a nossa da lógica cognitiva dos alunos até uma idade avançada, e da necessidade disso ser levado em conta.

Seus limites também são evidentes, na medida em que as modalidades de questionamento pressupõem de maneira muito acentuada o caráter estável e invariável das representações. Como se estas fossem "objetos mentais" preexistentes à atividade intelectual, que o observador apenas tornaria evidente. É preciso, na realidade, ponderar essa invariabilidade levando em conta fatores como os seguintes:

a) As representações são inicialmente *estratégias cognitivas* em resposta a um problema. As respostas obtidas devem então sempre estar relacionadas com seu contexto de produção.

b) Uma resposta dada a uma pergunta é sempre simultaneamente uma *resposta ao experimentador*. Ela procura inevitavelmente situar-se em relação às supostas expectativas deste, e em relação a uma imagem de si que se deseja dar.

Moscovici assim situou as respostas aos questionamentos como produções de comportamento num contexto social determinado: "Uma pessoa que responda a um questionário faz apenas escolher uma categoria de resposta, transmite-nos uma mensagem particular. Ela procura a aprovação,

---

4. Ver *in Activités d'éveil scientifiques*, 4: *Initiation biologique,* col. "Recherches pédagogiques", 56, Paris: INRP, 1976, pp. 14-33; e também Monique Laurendeau, Adrien Pinard, *Les premières notions spatiales de l'enfant*, Paris: PUF, 1969.

ou espera que sua resposta lhe traga uma satisfação de ordem intelectual ou pessoal. Essa pessoa está perfeitamente consciente de que diante de outro inquiridor, ou em outras circunstâncias, sua mensagem seria diferente".[5]

Esta característica não pode ser considerada como um artefato ligado ao contexto de questionamento e que conviria reduzir, mas como uma característica normal de toda resposta, que deve ser considerada e interpretada como tal.

c) Toda interpretação integra os quadros conceituais do observador e, em certa medida, instrui também sobre ele. De fato, a significação de uma representação não se efetua "naturalmente", como se os dados empíricos recolhidos se auto-ordenassem para produzir sentido. A distinção e a seleção, entre as produções de um aluno, de um elemento qualitativo de representação, implica assim – e isso não se dá intuitivamente – uma *hipótese de representação* que o pesquisador introduz no dispositivo.

Eis, a título de exemplo, alguns enunciados produzidos oralmente por alunos e, à direita, as hipóteses de representação (frequentemente implícitas) que puderam conduzir a sua apreensão.

Enunciados de alunos	Hipóteses de representação
Os papais carvalho e as mamães carvalho se reúnem à noite para fazer bebês carvalho.	Ideia de que todos os seres vivos têm dois pais e de que toda reprodução é sexuada, mesmo nas plantas.
Os tritões vão se matar para tentar dominar, para ter mais comida.	Ideia de que para comer um outro é preciso ser maior que ele (depredações sucessivas concebidas como inclusões de bonecos que se encaixam um dentro de outro maior, dentro de outro).
É o mais forte – não, é o maior – que vai ganhar.	Ideia de que para comer um outro é preciso ser superior, tomá-lo, dominá-lo.
Em meio natural, vê-se menos o rastro dos homens.	Ideia de que o "natural" se opõe ao homem.

---

5. Serge Moscovici, *La psychanalyse, son image, son public*, Paris: PUF, 2ª ed. revista, 1976.

São tais hipóteses que conduzem o observador a determinar o que ele chamará de representação do aluno.

Acontece mesmo de fortes hipóteses desse tipo conduzirem à introdução, numa discussão de classe, da representação sobre o qual pressupõe-se a existência! É por isso que, como diria Devereux, mais vale integrar o observador na observação que procurar eliminá-lo dela através de manobras definitivamente defensivas.[6]

B) *A busca de causas e origens* – A compilação racional das representações relativas a um conceito conduz a inventários, certamente espetaculares para quem os descobrem e estimulantes para a inovação educativa, mas, finalmente, pouco férteis, uma vez que não oferecem quase campos de ataque para serem realmente levados em conta do ponto de vista didático. Daí o porquê das pesquisas terem sido conduzidas bastante naturalmente à análise da origem possível das representações, seguindo, para tanto, diferentes orientações complementares.

a) Uma orientação psicogenética – Foram procurados paralelismos entre os dados gerais relativos ao desenvolvimento da inteligência da criança (especialmente a psicologia genética de Piaget) e as representações relativas a cada conceito particular. Isso é legítimo na medida em que as afirmações singulares dos alunos devem demonstrar bem, de alguma maneira, obstáculos epistemológicos gerais que pouco a pouco serão ultrapassados.

J. Lalanne, por exemplo, reconstituiu diferentes níveis de formulação dos alunos de biologia para oito conceitos principais e colocou-os em relação com as fases piagetianas, fazendo aparecer ao mesmo tempo uma evolução intelectual global e deslocamentos temporais segundo os conceitos.[7]

b) Uma orientação histórica – Foram igualmente notadas correspondências entre representações atuais de alunos e certas

---

6. Georges Devereux, *De l'angoisse à la méthode*, Paris: Flammarions, 1980.
7. Jacques Lalanne, tese de 3º ciclo, Université Bordeaux II, 1983, não publicada. Resumo em *Aster*, 1, INRP, 1985.

concepções hoje sancionadas pela história das ciências, sem que ninguém fizesse dessas correspondências uma regra sistemática.

Com relação ao exemplo citado anteriormente (p. 37) das forças que atuam sobre uma bala em movimento, pode-se notar assim uma correspondência entre a representação em termos de "capital de força", tal como descreve Viennot, e a concepção clássica do *impetus* introduzido por Buridan no século XIV.[8]

Quanto a A. Giordan, ele pôde analisar a persistência dos alunos em concepções da reprodução que lembram os velhos debates entre preformistas e epigenistas.[9]

c) Uma orientação sociológica – Depois de Moscovici e Herzlichw,[10] pode-se também insistir sobre o aspecto social das representações como "modalidades particulares de conhecimentos". Elas corresponderiam, então, a uma reapropriação social de conceitos científicos, mediante uma segunda ruptura epistemológica que viria a se sobrepor àquela que Bachelard havia caracterizado.

Assim, a representação social da doença, atualmente dominante, provém de uma origem puramente exógena a ela, exterior ao indivíduo que deve proteger-se, imposta pelo meio e pelo modo de vida, os únicos responsáveis. G. Rumelhard mostrou que esta concepção de um conflito entre a saúde (atributo natural do indivíduo) e a doença (provocada pelo exterior) impede de poder pensar na doença genética. Pois esta, fundamentalmente endógena, só pode ser vista em termos de tara, de degenerescência, ou até mesmo de culpabilidade pessoal, e se encontra de fato rechaçada dos manuais escolares.

A doença microbiana, ao contrário, entra perfeitamente nesse esquema, para cuja difusão social ela contribuiu e o vocabulário que se

.

---

8. Cf. Francis Halbwachs, "Histoire de l'énergie mécanique", *Cuide*, 18, Université de Paris VII, 1980-1981, reproduzida.
9. André Giordan, Gérard de Vecchi, *op. cit.*, pp. 113-117.
10. Serge Moscovici, *Introduction à la psychologie social*, Paris: Larousse, 1973.

emprega para referir-se a ela é muito sugestivo ("agressão" microbiana, "luta" do organismo, "defesas" imunológicas, "anticorpos"...).[11]

d) Orientação psicanalítica – Outros trabalhos acentuam ainda o caráter superdeterminado de certas representações cuja interpretação salienta inicialmente o fantasmático, o trabalho do inconsciente. Ocorre então a supervalorização fortemente oral da predação entre os diversos tipos de nutrição animal, da ideia que a lã aquece da mesma forma que o calor materno...

Esse tipo de leitura não exclui a interpretação simultânea das representações de acordo com outras categorias.[12]

De maneira mais geral, as diversas linhas de pesquisa evocadas não são alternativas que se opõem. Para cada representação, ajudam, isto sim, a pensar num amplo leque de causas ou múltiplas causas. Estas, por sua vez, permitem reconstruir (sempre com uma parte hipotética de interpretação) uma "lógica do erro". O problema é que esse tipo de análise tende a nos remeter a diversos campos extradidáticos, aos quais o praticante não tem acesso fácil. O que pode ter efeitos desmobilizantes consideráveis. Insiste-se principalmente, talvez de maneira excessiva, sobre o distanciamento entre representações e pensamento científico, como se as primeiras tivessem apenas uma função negativa. O problema seria antes o de examinar, caso por caso, a área de validade das representações, o campo para o qual elas funcionam como auxiliares, ao mesmo tempo em que são analisadas como obstáculos; uma vez que todo progresso intelectual verdadeiro deverá apoiar-se sobre elas para melhor trabalhá-las e fazer com que evoluam.

O exemplo do antropomorfismo caracteriza-o muito bem. O ensino biológico tende, neste âmbito, a se demarcar de maneira sistemática, nem sempre vendo a diferença entre um "antropomorfismo constitutivo"

---

11. Guy Rumelhard, *La génétique et ses représentations dans l'enseignement*, Berna: Peter Lang, 1986.
12. Michel Sanner, *Du concept au fantasme*, Paris: PUF, 1983; Alain Kerlan, "Psychanalyse e didactique", *Aster*, 1, INRP. 1985.

no qual o aluno não introduz qualquer distância entre o animal e ele, e um "antropomorfismo analógico" no qual o "como" corresponde a uma diferenciação em curso de elaboração.[13]

C) *Produções ligadas a seu contexto sociocognitivo* – Uma pesquisa centrada nas "causas" das representações postularia certamente, de maneira muito forte, seu caráter invariante, embora convenha também – como já se observou – levar em conta suas *condições de produção*. É que esta casualidade não é mecânica; o aluno tem que tirar recursos variados dele mesmo, em resposta a uma solicitação particular, uma certa formulação singular que lhe pareça pertinente. Se ela permite inferir certas características de sua estrutura conceitual, ela afirma ao mesmo tempo a decodificação que ele faz da situação, o que compreende (erroneamente ou acertadamente) das expectativas do observador, os termos do "contrato didático" tal como é instaurado. Pois toda resposta combina intimamente uma parte de "esquema" (sua dimensão invariante) e uma parte de "estratégia" (sua adaptabilidade).

Aqui se reencontra o caráter flutuante, assinalado no início, do uso das representações em didática. Pois é preciso pensar as representações como um ponto de equilíbrio da estrutura cognitiva do indivíduo num momento dado (equilíbrio que deverá evoluir ao longo das aprendizagens posteriores), mas também como uma "tarefa intelectual" necessária frente a um problema científico a ser resolvido.

H. Wallon distinguiu, assim, duas modalidades da construção dos conceitos científicos: a representação e a explicação. A representação corresponde a uma organização dos dados da percepção e da ação graças ao uso de critérios organizadores sistemáticos (em vez de simples comparações aleatórias ou analógicas), mas que se restringe ao plano do referente empírico.

A explicação, por sua vez, repousa na necessidade de destacar a significação de um fenômeno ou de uma observação, e supõe frequentemente o recurso a modelos ou teorias, isto é, construções do

---

13. Equipe de pesquisa Aster, *Procédures d'apprentissage...*, *op. cit.*, pp.110-112.

espírito que vêm em substituição ao objeto real para melhor apreendê-lo. Essas duas modalidades do pensamento científico se associam na resolução de um mesmo problema, mesmo se os modelos constituídos pelos alunos respondam muito imperfeitamente às exigências do saber constituído.

Pode-se resumir por meio de um esquema o conjunto das características de uma representação, que deve ser ponderada numa tentativa de interpretação de um ponto de vista expresso pelo aluno (quadro II).

Quadro II – Modo de funcionamento das representações

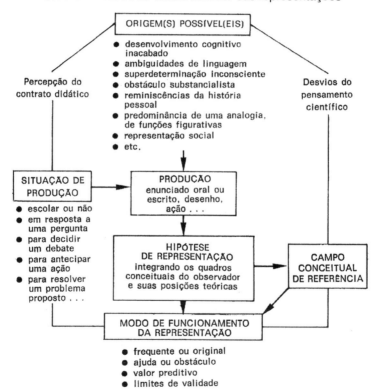

II. A transposição didática

O conceito de transposição didática está, há alguns anos, em plena emergência no campo da didática das ciências. Passou a ocupar desde então, assim como o de representação, um lugar central, apesar de sua história ser nitidamente diferente.

1. A origem do conceito em didática das matemáticas – Y. Chevallard e M.-A. Johsua formalizaram-no num magistral artigo sobre a noção matemática de distância.[14] Eles examinaram as transformações sofridas por este conceito entre o momento de sua introdução em 1906, por Fréchet, no "saber sábio", e o momento de sua introdução em 1971 nos programas de geometria da 7ª série, em relação com a reta. Analisaram as modificações de seu estatuto teórico ao longo desses anos, à medida que ia sendo retomado pelos círculos de pensamento intermediários entre a pesquisa e o ensino. Sendo esses círculos constituintes do que Chevelard nomeou a "noosfera", eles exercem uma influência importante sobre a evolução circular.

Se, em sua origem, a noção de distância ganhou sentido na análise funcional e permitiu traduzir matematicamente a ideia de semelhança (donde sua aplicação, por exemplo, na "distância genética"), torna-se, em geometria, um modo de apresentação matemática da reta. Ora, sua utilização para calcular a distância entre dois pontos esvazia completamente a ideia original de semelhança, que estava no coração do conceito para Fréchet.

Em outras palavras, este exemplo mostra que a designação de um elemento do saber sábio como objeto do ensino modifica-lhe muito fortemente a natureza, na medida em que se encontram deslocadas as questões que ele permite resolver, bem como a rede relacional que mantém com os outros conceitos. Existe assim, uma "epistemologia escolar" que pode ser distinguida da epistemologia em vigor nos saberes de referência.

Notar-se-á um único exemplo deste distanciamento, mas não o menor: o da despersonalização e da descontemporialização dos conceitos,

---

14. Yves Chevallard, Marie-Alberte Johsua, Um exemplo de análise da transposição didática: a noção de distância, *Recherches em didactique des mathématiques*, vol. 3.1, Grenoble: La Pensée Sauvage, 1982.

quando se tornam objetos do ensino. Em vez de estarem ligados por questões científicas precisas a serem resolvidas, tornam-se "verdades de natureza", sinal de um certo juridismo próprio do ensino. Ainda como diz Chevallard, "os manuais são o triunfo da acronia e da atopia do saber".[15]

2. Reformulação, dogmatização, transposição – M. Develay estudou um outro exemplo desta reificação do saber escolar com respeito ao conceito de memória, tal como é apresentado, por um lado, nos textos dos cientistas em suas grandes obras de divulgação (*L'homme neuronal*, de Changeux, por exemplo) ou como é encontrado, por outro lado, nos manuais.[16]

Assim, o que J.-P. Changeux propõe, seja como hipóteses de trabalho contextualizadas, seja como analogias úteis, apesar de insuficientes (circuitos reverberantes, moléculas de memória etc.) se encontra sob forma afirmativa e estabelecida em vários manuais.

Trata-se, na realidade, de um fenômeno geral, que G. Rumelhard chamou de "processo de dogmatização" estudando, por exemplo, noções de genética.[17]

As experiências de J.H. Taylor (1957-1958) permitiram compreender a duplicação dos cromossomos graças ao emprego de um marcador radioativo, precursor do ADN: a timidina tritiada. Os resultados obtidos podem explicar-se se considerarmos que cada cromátide corresponde a duas subunidades, e que cada uma delas serve de modelo para a síntese da subunidade complementar.

---

15. Mas o próprio Chevallard não resistiu a esse revés quando, após o artigo já citado, escreve *La transposition didactique* (Grenoble: La Pensée Sauvage, 1985). O conceito precedentemente estudado de maneira funcional toma um rumo mais "declarativo"; passa-se, para citar o autor, da narrativa de uma batalha a uma arte da guerra!

16. Michel Develay, "A propos de la transposition didactique en sciences biologiques", *Aster*, 4, Paris: INRP, 1987.

17. Guy Rumelhard, "Le processus de dogmatisation", *Actes des I^{res} Journées de Chamonix sur l'Education scientifique (Les démarches scientifiques expérimentales: théorie et pratique)*, Paris: Université de Paris VII, Didactique des disciplines, 1979.

Ora, comparativamente ao problema colocado: quais relações existem entre o cromossomo que se dividiu e os cromossomos novamente formados? Os manuais escolares apresentam a explicação de várias maneiras diferentes em relação às experiências de Taylor:

- como uma das hipóteses possíveis que foi o objeto posterior de uma verificação experimental;
- como a interpretação mais simples, ou mesmo única, da experiência realizada, e, logo, enunciada após os resultados desta;
- ou mesmo como um simples fato de observação, apagando toda ideia de hipótese.

Da mesma forma, J.-L. Martinand nota que a maior parte dos manuais franceses de física expõem o efeito fotoelétrico dando, primeiramente, as leis experimentais. Mostram, em seguida, que essas leis são bem explicadas pela teoria do fóton de Einstein. Ora, a teoria de Einsten data de 1905 e era apresentada como "um ponto de vista heurístico", ao passo que as experiências haviam sido feitas com muitas dificuldades técnicas por Millikan em 1916.

Três pontos de vista devem ser considerados para dar conta de tais mudanças de estatuto epistemológico do saber sábio:

a) Explicam-se inicialmente pelo afastamento entre a lógica de exposição dos resultados e as modalidades da descoberta, do qual participam os cientistas já na ocasião das comunicações a seus colegas. É o que se pode chamar de "efeito de reformulação".

b) Correspondem também a posições epistemológicas dominantes, ligadas ao imperialismo fatual da observação e ao poder do empirismo como "filosofia espontânea dos sábios". É sobre esse ponto que uma vigilância particular é conveniente para evitar os reescritos abusivos e incitar a volta frequente às publicações originais. É esta faceta negativa da transposição que pode ser mais precisamente chamada de "processo de dogmatização".

c) Devem ser compreendidos igualmente como a inevitabilidade da transposição didática. Os historiadores da educação nos ensinaram, de fato, que o valor intrínseco de um conteúdo nunca é suficiente para fundar sua inserção didática, mas esta depende também de um projeto educativo que conduz a uma seleção dentre as várias possibilidades. Donde os dois sentidos que tomam a expressão "disciplina escolar", uma – a mais recente – com fundamento epistemológico (como corpo conceitual), a outra – muito mais clássica – com fundamento metodológico (como disciplina do espírito).[18]

Pois a escola nunca ensinou saberes ("em estado puro", é o que se desejaria dizer), mas sim conteúdos de ensino que resultam de cruzamentos complexos entre uma lógica conceitual, um projeto de formação e exigências didáticas. Deste ponto de vista, as transformações sofridas na escola pelo saber sábio devem ser interpretadas menos em termos de desvio ou de degradação sempre em geração (ainda que isto exista, como vimos anteriormente) de que em termos de necessidade constitutiva, devendo ser analisada como tal. Pois, reunindo um currículo, todo conceito científico se integra numa nova economia do saber: ele deve poder designar alguma coisa que possa ser aprendida (um "texto do saber", diria Chevallard), deve abrir um campo de exercícios para produzir ou permitir conceber sessões de trabalhos práticos... E também características e exigências que não existiam no contexto do saber sábio.

3. Sistematizar a transposição didática – Os trabalhos evocados se esforçaram em analisar os processos e os resultados de transposições já efetuadas, em funcionamento no sistema didático. Se, como acabamos de ver, a transposição é inerente a toda integração de um conceito ao texto do saber escolar – com a condição de exercer a vigilância necessária sobre os efeitos de dogmatização – permanece a questão de ver se é possível dispor

---

18. André Chervel, "Sur l'histoire des disciplines scolaires", *Actions et recherches pour transformer les écoles maternelles et élémentaires*, Paris: INRP, 1985.

de indicações que permitam ao ditata construir proposições sistemáticas de transposição didática. Sabendo muito bem que outros determinantes poderosos pesam sobre a elaboração curricular. É aqui que devem ser introduzidos outros conceitos desenvolvidos em diversos trabalhos de didática das ciências: os de práticas sociais de referência, e de níveis de formulação de um conceito e de tramas conceituais.

A) *Práticas sociais de referência* – Este termo, tomado de Martinand, pode ser entendido como uma crítica da transposição didática, se esta se limita ao "texto do saber", sem considerar as atividades correspondentes. Pois a definição de um conteúdo de ensino se restabelece com a simples redução regressiva do saber universitário correspondente, mas supõe uma reelaboração original.

Deve-se, de maneira inversa, partir de atividades sociais diversas (que podem ser atividades de pesquisa, de engenharia, de produção, mas também de atividades domésticas, culturais...) que possam servir de referência a atividades científicas escolares, e a partir das quais se examina os problemas a resolver, os métodos e atitudes, os saberes correspondentes.[19]

O obstáculo, diz Martinand, vem da ideia implícita de que um professor de física (poderia também se dizer de biologia) é a princípio um físico que ensina, que conhece a física porque participou de pesquisas em física. Ora, isso é absolutamente insuficiente, e a transposição didática deve considerar todos os aspectos da prática do ensino.

A ideia de prática social de referência permite pensar nas diversas características de uma transposição didática sistemática:

- *O objeto de trabalho:* qual é o domínio empírico que constitui o fundo de experiência real ou simbólica no qual virá a se apoiar o ensino científico?

---

19. Jean-Louis Martinand, *Connaître et transformer la matière*, Berna: Peter Lang, 1986.

- *O problema científico:* qual é a questão que se propõe estudar? É necessário precisar quando se quer evitar o "juridismo" já evocado dos enunciados científicos tirados de seu contexto de produção. Pois uma definição nunca bastou para fazer um saber: é preciso ainda estudar como ela pode funcionar, mesmo se o problema de que trata é formulado de uma maneira tal que não corresponda a qualquer etapa histórica real.

- *As atitudes e funções sociais:* qual imagem da ciência e da atividade científica que se quer fornecer aos alunos através das práticas propostas?

- *Os instrumentos materiais e intelectuais correspondentes.*

- O *saber produzido* ao longo e ao cabo da atividade, cujo enunciado permite responder ao problema estudado.

Martinand propôs, assim, uma transposição didática original para o conceito de elemento químico, em resposta às exigências do programa de ciências físicas de 1977 (classe de 6ª série). Este impõe a introdução do elemento químico sem o auxílio do modelo atômico, a um nível apenas qualitativo, com algumas reações simples (ferro, enxofre, carbono, ar...) que são objeto de experiências. Nunca encontrou-se na história uma tal definição (Mendeleieff apoiava-se nas concepções atômicas disponíveis) e era preciso elaborá-la de maneira nova.

A solução consistiu em examinar:

- o campo empírico das transformações da matéria da qual é preciso dar conta, para a qual não são mais adequadas as leis de conservação da substância atualizadas pelas transformações físicas;

- o problema científico a estudar: ver o que se transforma, mas também o que se conserva durante a reação química; ver que nem todas as transformações são possíveis mesmo se algumas delas não são esperadas; ver que transformação não é transmutação;

- os instrumentos materiais e intelectuais, que se apoiam numa analogia teórica com as mudanças de estado (ideias de conservação);
- o saber construído, que não responde exatamente às definições "canônicas" do elemento químico, mas se exprime provisoriamente nesse nível pelo fato de que a cada corpo simples corresponde um elemento, que se conserva nas reações químicas além da diversidade dos produtos obtidos.

Esse saber supõe o domínio de pequenos sistemas operatórios construídos sobre os elementos presentes nas reações (operações inversas, idênticas, ciclo...) e permitindo por exemplo:

- analisar os corpos compostos e encontrar os corpos simples,
- encadear as reações até completar os ciclos,
- seguir por testes certas etapas intermediárias.

É o bloco fornecido por esta abordagem do elemento químico e pelo sistema operatório que permite, neste contexto, compreender o que se passa numa reação química.

B) *Níveis de formulação de um conceito* – A variedade dos enunciados possíveis para uma mesma noção científica, em função dos níveis de escolaridade e dos problemas estudados, foi objeto de trabalhos em didática da biologia, e quadros propondo três formulações sucessivas para cada um dos conceitos de base foram construídos.[20] Propomos aqui, dois deles relativos à unidade do mundo vivo e à diversidade das formas (quadro III).

---

20. Victor Host *et al., Activités d'éveil scientifiques à l'école élémentaire,* 4: *Initiation biologique,* Paris: INRP, col. "Recherches pédagogiques", 86, 1976.

Quadro III – Níveis de formação em biologia (exemplos)

UNIDADE DO MUNDO VIVO

Quais são os critérios objetivos que permitem reconhecer um ser vivo?

Conceitos	Formulações de primeiro nível	Formulações de segundo nível	Formulação de terceiro nível
Os seres vivos apresentam o mesmo ciclo de vida (no sentido amplo da palavra ciclo: sucessão de formas).	A altura e o peso da criança variam com a idade até o estado adulto. A morte do homem ou dos animais de criação se deve à velhice, à doença ou a um acidente. As plantas também envelhecem e morrem.	Após a eclosão do ovo ou do nascimento, a maioria dos animais passa: Por um estado de crescimento de altura e peso que se acompanha frequentemente do desenvolvimento de certas funções (sexualidade) ou caracteres psicológicos; o que a conduz a uma forma específica; Por um estado de envelhecimento que conduz à morte. O crescimento aéreo das plantas verdes prossegue pelos desenvolvimentos dos botões até a morte. A maior parte dos seres vivos não morre de velhice, mas são comidos por outros ou são destruídos pela doença ou pelas mudanças do meio.	Em todos os seres vivos (com exceção de alguns micróbios) o ciclo de vida se desenvolve de maneira irreversível, do ovo à morte. Algumas vezes, o desenvolvimento se acompanha de uma mudança brutal e progressiva do organismo, chamada metamorfose.
Os seres vivos são caracterizados por funções comuns.	Os animais se alimentam de plantas, de animais ou de dejetos de seres vivos; as plantas absorvem substâncias dissolvidas.	Os animais e as plantas apresentam as seguintes funções que os distinguem dos objetos inanimados: Nutrem-se a partir de materiais banais (comuns a todos os animais ou a todas as plantas) elaborando substâncias específicas;	As funções comuns aos seres vivos podem ser classificadas em quatro grandes famílias: O metabolismo: assimilação de materiais do meio exterior e destruição de matérias orgânicas com consumo de oxigênio em todos os órgãos sob pena de morte rápida;

| | Os animais se deslocam ou deslocam certas partes de seu corpo; os movimentos das plantas são lentos e localizados. Os animais reagem vivamente à luz, aos sons, aos contatos; a reação das plantas é menos aparente. Os objetos inanimados não apresentam essas características. | Crescem até a aquisição de uma forma específica determinada pela hereditariedade, a partir do ovo, resultado de uma fecundação; Uma parte dos alimentos é destruída pela respiração que se traduz através de trocas gasosas com a atmosfera; Os seres vivos reagem às excitações do meio (variação de claridade, de temperatura, vibrações...); Os seres vivos apresentam movimentos (deslocamentos, deformações, desencadeadas por causas externas ou internas...). A vida só é possível dentro de condições físicas muito estritas, em particular de temperatura. | A irritabilidade que perimite o ajustamento às condições variáveis do meio exterior; A reprodução seguida pelo desenvolvimento de uma forma específica determinada pelos caracteres hereditários contidos no ovo; O movimento próprio que comanda não apenas a locomoção, mas os ritmos internos e as deformações mecânicas; na escala do organismo, as funções são assumidas por suportes variáveis segundo os seres vivos; é na escala microscópica que o suporte comum a todos os seres vivos aparece: a célula. |
| O organismo difere do objeto técnico pela interdependência das funções e pela complexidade das regulações. | Depois de uma corrida ou de outro esforço físico, o pulso e o ritmo da respiração mudam nos animais. Os homens que fazem grande esforço físico ou que se expõem ao frio têm necessidade de uma quantidade maior de alimento. | Toda atividade do organismo (movimento...) faz intervir um conjunto de funções que se comandam umas às outras: A atividade do organismo varia com certos fatores do meio (temperatura); O sistema nervoso e o sangue garantem a coordenação das funções; A perturbação de um órgão repercute no funcionamento do organismo inteiro. | O sangue constitui um meio interior comum a todos os órgãos. As regulações rápidas são comandadas pelo sistema nervoso, as regulações lentas por mensageiros químicos transportados pelo sangue (hormônios). |

Quadro III – (sequências)

DIVERSIDADE DAS FORMAS VIVAS

Para medir a extrema diversidade dos seres vivos e compreender as particularidades da forma é preciso situá-las numa classificação que faz aparecer os elos de parentesco.

Conceitos	Formulações de primeiro nível	Formulações de segundo nível	Formulação de terceiro nível
A espécie	Na natureza (passeios, filmes, livros) pode-se distinguir, uns dos outros, muitas espécies de animais e de vegetais ou espécies designadas cada uma por um nome diferente. Os animais de uma mesma espécie tinham parentes parecidos com eles; e o mesmo acontecia com seus filhos. Pode-se "casar" em geral indivíduos da mesma espécie, mas não de espécies diferentes.	Os indivíduos podem ser reagrupados em conjuntos chamados espécies; pertencer à espécie pode ser estabelecido apesar das diferenças ligadas à idade, ao sexo, à raça, ao meio, por um grande número de caracteres comuns dos quais os mais característicos servem para construir as chaves de determinação. Os animais ou as plantas de uma mesma espécie podem se cruzar, e os descendentes recebem os caracteres de um ou outro dos pais e podem se reproduzir. Os cruzamentos entre indivíduos de espécies diferentes são excepcionais.	Os animais de uma mesma espécie saem de pais comuns ou se parecem tanto quanto indivíduos com pais comuns.

Conceitos	Formulações de primeiro nível	Formulações de segundo nível	Formulação de terceiro nível
Raças e hereditarie-dade	As espécies de animais domésticos e de plantas cultivadas se subdividem em raças (com variedades).	Cruzando os indivíduos de uma mesma raça pura transmite-se indefinidamente o tipo dos pais. Cruzando indivíduos de raças diferentes, observa-se que certos caracteres se transmitem sempre.	Os indivíduos de uma mesma espécie diferem por caracteres raciais transmitidos hereditariamente por caracteres não transmissíveis, devido à influência do meio. Não existem dois indivíduos iguais. Aparecem, algumas vezes, caracteres novos na descendência (mutações), que a seleção permite conservar.
Classificação natural das espécies	É possível classificar as espécies seguindo critérios variados.	A classificação fixada em biologia é fundada sobre o plano da organização (natureza dos aparelhos e disposição relativa das partes). Isso permite definir mamíferos, aves e peixes, e situá-los entre os vertebrados.	Duas espécies apresentam muitos caracteres comuns que são aproximadas na classificação natural; isto faz aparecer os elos de parentesco entre espécies.
Adaptação		A baleia, a toupeira... apresentam um grande número de particularidades anatômicas e fisiológicas em relação ao seu modo de vida.	A adaptação define o conjunto dos caracteres morfológicos e fisiológicos que permitem a uma espécie viver num dado meio, segundo um modo de vida (nutrição, locomoção...) característico. Isto resulta da seleção natural.
Evolução das espécies (ideia da evolução)		Algumas espécies estão desaparecendo atualmente. Os fósseis são restos de indivíduos pertencentes a espécies desaparecidas.	Na escala da história humana, as espécies aparecem estáveis. Numa escala maior elas se transformam em particular pelos mesmos mecanismos que permitem diferenciar as raças no interior da espécie (mutação, seleção).

Os diferentes enunciados obtidos se distinguem sobre diversos planos:

a) No plano linguístico, eles diferem pela maior ou menor complexidade lexical (mesmo independentemente da terminologia empregada), por sua estrutura sintática e semântica... E algumas vezes bastam pequenas transformações aparentes para tornar muito mais complexa para os alunos a significação de um enunciado. Os especialistas da evolução, aliás, sabem a que ponto o enfoque de questões é uma operação delicada.[21]

b) No plano psicogenético, eles podem ser hierarquizados em função da complexidade das operações lógico-matemáticas que sua compreensão implica (seriação, reversibilidade, raciocínio sobre o possível, tipo de casualidade, modelização...).

Certas tentativas conduziram ao correlacionamento, por exemplo, de níveis de formulação dos conceitos e estados piagetianos do desenvolvimento.[22]

c) No plano epistemológico, como já foi observado, cada enunciado pode ser relacionado a um problema, explícito ou implícito, do qual constitui o resultado. E esses problemas não se hierarquizam tão facilmente, o que pode fazer preferir a ideia de *registros* de formulações à ideia de *níveis.*

Essas reformulações conceituais podem resultar de uma extensão do referente empírico (ex.: encontrar uma nova definição da respiração que dê conta de um número mais elevado de grupos zoológicos), mas também de um aprofundamento da necessidade de explicação (ex.: modelizações sucessivas dos circuitos elétricos ao longo da escolaridade).

Infelizmente, os enunciados científicos se limitam ainda, muitas vezes, a definições legalistas, de que se examina insuficientemente

---

21. Ver, por exemplo, Yvette Ginsburger-Vogel, *Apprentissages scientifiques au colège et pratiques documentaires,* Paris: INRP, 1987.
22. Jacques Lalanne, *op. cit.,* p.38.

A didática das ciências 55

o caráter operatório e previsional, donde sua heurística fraca na epistemologia escolar. Em classe, o aparecimento de um enunciado novo tende antes, de fato, a concluir um trabalho, a constituir o ponto do resultado dos esforços didáticos, a "coroar" uma lição visando sua emergência. Enfatiza-se menos a abertura de campo que esse enunciado instaura, os problemas novos que podem ser examinados quando ocorrem, os diferentes enfoques de leitura dos dados que ele torna possível. Está aí, provavelmente, uma das razões da fraca eficiência didática do ensino científico e do retorno observado de representações anteriores que se acreditava ultrapassadas.

J.-M. Lévy-Leblond pôde ironizar sobre esses *saberes ready made* que permitem, certamente, resolver problemas convencionais, mas que, falhando ao serem percebidos como novos enfoques de leitura do real, desarmam quando se trata de refutar mesmo as ideias evidentemente erradas. Daí seu "elogio das teorias falsas"[23] que obriga a fazer funcionar os enunciados científicos como verdadeiros conceitos, em vez de utilizá-los como "blocos de saberes" já previamente delimitados e suscetíveis apenas de aplicação apropriada.

C) *Tramas conceituais* – Evocaremos aqui a ideia de tramas conceituais, pois ela está ligada à ideia de enunciados diferenciados e evolutivos para uma mesma noção. Estes não estando nem estritamente encaixados (falou-se de registros mais do que de níveis), nem indistintamente equivalentes, organizam-se e distribuem-se à maneira de uma rede ou de uma trama.

Essa trama não antevê estratégias de funcionamento para permitir a apropriação de uma noção pelos alunos. Ela apresenta entradas múltiplas e permite encaminhamentos modulados. É constituída da seguinte maneira:

1. Pode-se ler nela um conjunto de enunciados, todos relativos a um mesmo conceito. Trata-se de enunciados completos, em forma de frases, e não de simples "etiquetas" à maneira das minutas de programas e de certas definições de dicionários.

---

23. Jean-Marc Levy-Leblond, *Science avec conscience*, Paris: Fayard, 1981.

2. Esses enunciados são organizados em função dos elos lógicos que aparecem quando são confrontados. Trata-se de elos lógicos e não cronológicos, cada formulação antecedente constituindo para a seguinte antes uma condição de possibilidade do que um pré-requisito exigível.

3. O conjunto constitui uma rede orientada com, em um dos polos, enunciados pontuais em grande número (obtidos por ocasião de atividades didáticas múltiplas), no outro, um número limitado de conceitos integradores da disciplina (resultante de um trabalho de remodelagem e de estruturação dos enunciados pontuais).[24]

A utilidade de tais tramas conceituais é dupla:

- Fornece um ponto de referência sólido, mas não obrigatório, para situar as representações dos alunos, suas produções, e orientar a aprendizagem com mais eficácia.

  Corresponde ao que P. Vermersch chamou de a "lógica dos conceitos", por oposição à "lógica da ação" (em desenvolvimento no aluno) e à "lógica pedagógica".[25] É a consciência da importância combinada das duas primeiras lógicas, em si pouco imperativas, que conduz à escolha ponderada da terceira.

- Permite organizar, como estrutura, as aprendizagens escolares, quando os alunos tendem a ver apenas uma poeira de informações aprendidas de maneira mais acumulada que integrada. Esse esforço de definição sintética é ainda hoje em dia o maior defeito, o que não significa que tenha de apresentar de imediato esta "simplicidade construtiva". Fazer com que os alunos participem de seu processo de elaboração é mais importante que fornecer-lhes os quadros pré-organizados.

---

24. Para os exemplos de tramas conceituais, mencionaremos A. Giordan, *L'élève et/ou les connaissances scientifiques,* assim como a equipe de pesquisa Aster, *Procédures d'apprentissage...*, *op. cit.*

25. Pierre Vermersch, "Analyse de la tâche et fonctionnement cognitif dans la programmation de l'enseignement", *Bulletin de Psychologie*, XXXIII, 343, 1979.

III. Os objetivos-obstáculos

Um outro conceito introduzido recentemente por J.-L. Martinand é o de objetivo-obstáculo, cuja utilização em didática das ciências parece promissora. Ele liga, no entanto, de maneira um tanto contraditória, dois termos que se tem geralmente o hábito de opor, duas linhas de preocupações vistas geralmente de maneira divergente.[26]

1. Sobre a ideia de objetivo – As metodologias de definição de objetivos são hoje clássicas e as aquisições dos últimos vinte anos nesse campo, em grande parte, definitivas. Será revista nas taxonomias de Bloom, Krathwohl e Harrow, de d'Hainaut, de De Block... assim como em inúmeras obras que não podem ser evocadas aqui.[27]

Deve-se admitir no entanto que além de um sucesso mundial a prática dos objetivos pedagógicos não penetrou verdadeiramente na ação didática. E isto se deve provavelmente a dois tipos de razões:

a) A análise dos objetivos de um conteúdo de ensino conduz a uma "pulverização" destes. O que se ganha em precisão sobre os objetivos, se paga em perda de sentido sobre a finalidade. O pedagogo dispõe assim de uma larga panóplia de objetivos possíveis, mas continua relativamente desarmado quanto ao modo de seleção a operar.

b) A definição dos objetivos se efetua amplamente, *a priori,* por uma especificação das indicações curriculares, mas ela interfere muito pouco nos procedimentos da aprendizagem e nas representações dos alunos. E é a previsão da dificuldade de atingir o objetivo que causa problema aqui.

Conquanto regulamentação da economia didática sobre um sistema taxonômico, como tentou a pedagogia de magistério, a gestão dos objetivos ainda é difícil.

---

26. Jean-Louis Martinand, *Connaître et transformer la matière, op. cit.*
27. A pedagogia por objetivos foi evocada por Jean Berbaum num outro volume da coleção: "Que sais-je?" *Apprentissage et formation*, Paris: PUF, 1984.

2. Sobre a ideia de obstáculo – Independentemente da problemática precedente, inúmeros trabalhos resultantes das orientações de Bachelard, mas também de Piaget e Wallon, tentam descrever os obstáculos que os alunos encontram no caminho das aquisições científicas. Toda a corrente de análise das representações, evocada anteriormente, ressalta esse ponto de vista. Ora, considerada por si mesma, a questão dos obstáculos deixa igualmente o pedagogo desarmado. Certamente, fornece um "modelo pouco sólido" da aprendizagem, esclarecendo as estruturas de acolhimento do aluno, que deverão vir a ser ultrapassadas; mas diz pouca coisa sobre as modalidades dessa ultrapassagem.

Nesta perspectiva, a tônica recai frequentemente sobre o desvio entre representações e pensamento científico, ao passo que se deveria também examinar as modalidades da passagem.

3. Sobre a junção dos obstáculos e dos objetivos – A ideia de objetivo-obstáculo, que há de ter sido compreendida, consiste na junção desses dois pontos de vista, o que os renova parcialmente. Em vez de definir por um lado os objetivos sobre a única base apriorística da análise da matéria, e por outro os obstáculos psicológicos e epistemológicos sobre a base da atividade do indivíduo, trata-se de utilizar a caracterização dos obstáculos como um modo de seleção dos objetivos.

O objetivo-obstáculo é, de alguma forma, o inverso da noção de bloqueio, da qual M. Sanner notou o incessante emprego pedagógico, passado ao estado de modo, mas refletindo principalmente nosso sentimento de impotência.[28] Esta "ideia comum" do bloqueio evoca ela própria, de fato, a de incidente, de pane (alguma coisa estaria sendo bloqueada, ficaria desregrada no espírito dos alunos) e se revela estéril, pois não se vê como operar o famoso "desbloqueio".

Não se deve certamente subestimar o obstáculo caso se queira poder superá-lo, mas deve-se pensar de uma maneira que tome possível sua ultrapassagem. Donde a importância de sua associação com o termo objetivo, como indica o quadro IV.

---

28. Michel Sanner, *op. cit.*

Quadro IV – Os objetivos-obstáculos

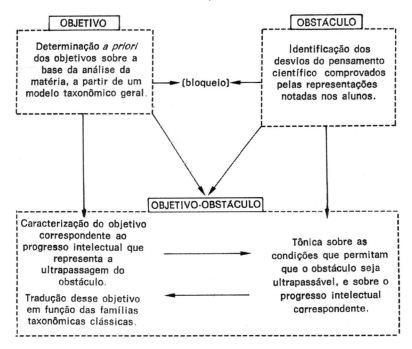

4. Etapas possíveis para caracterizar um objetivo-obstáculo – De maneira esquemática, poder-se-á reconhecer, para caracterizar um objetivo-obstáculo, as seguintes etapas:

a) Recuperar os *obstáculos* na aprendizagem (da qual as representações fazem parte), sem minorá-los nem supervalorizá-los.

b) Definir inversamente, e de maneira mais dinâmica, o *progresso intelectual* correspondente a sua eventual ultrapassagem.

c) Selecionar, entre a diversidade dos obstáculos recuperados, o que (ou os que) parece *ultrapassável* durante uma sequência, produzindo um progresso intelectual decisivo.

d) Fixar como *objetivo* a ultrapassagem desse obstáculo tido como ultrapassável.

e) Situar esse objetivo entre as *famílias* que distinguem as *taxonomias* clássicas, o aspecto dominante de um objetivo-obstáculo sempre dependente de uma delas (objetivo de atitude, de método, de conhecimento, de saber-fazer, de aquisição de uma linguagem ou de código...).

f) Traduzir esse objetivo em termos *operacionais* de acordo com as metodologias clássicas de formulação dos objetivos.

g) Construir um *dispositivo* (ou vários) coerente com o objetivo, assim como procedimento de *remediação* em caso de dificuldade.

Pode-se exprimir as coisas de maneira diferente, retomando as formulações de P. Meirieu. Numa situação-problema, é o formador que percebe o objetivo a ser atingido, enquanto o aluno pode apenas, do ponto de vista em que se encontra procurar compreender a tarefa a ser cumprida. Ele não pode saber o que ele deve saber antes de sabê-lo! Logo, cabe ao formador colocar o obstáculo a ser ultrapassado no cerne do dispositivo, de tal modo que o aluno possa "trabalhá-lo". Sua ultrapassagem constituirá, ao mesmo tempo que a resolução do problema, o verdadeiro objetivo de aquisição da sequência, esse que o aluno só pode compreender após o término.[29]

J.-P. Astolfi e A.-M. Drouin assim analisaram os obstáculos que a aquisição da noção ecológica de Milieu apresenta e tentaram traduzir para cada um deles a significação de sua ultrapassagem. Apoiaram-se nos trabalhos de Canguilhem descrevendo a história desse conceito, desde sua importância da mecânica na biologia no século XVIII,[30] assim como nas representações compiladas dos clássicos, mas também nos manuais.

Sete concepções coapresentadas do meio puderam assim ser repertoriadas, das quais algumas, não todas, lembram etapas históricas da evolução do conceito:

---

29. Philippe Meirieu, *Appendre... oui, mais comment?*, Paris: ESF, 2ª ed. ampliada, 1988.
30. Georges Canguilhem. "Le vivant et son milieu", *in La connaissance de la vie*, Paris: Vrin, 1965.

1. *Meio-objeto,* considerado como indivisível, no qual os seres vivos se movem;

2. *Meio-harmonia,* para o qual o mundo é um universo harmonioso onde cada coisa está em seu lugar;

3. *Meio-recursos,* constituído como um sistema de alternativas dentre as quais cada ser vivo pode escolher;

4. *Meio-componentes,* descrito como composto por subconjuntos qualitativos, à maneira do sangue, do ar ou do solo;

5. *Meio-fatores,* cuja presença e o valor explicam a presença/ausência dos diversos seres vivos;

6. *Meio-fatores interdependentes,* onde uma interação entre fatores é observada;

7. *Meio biorrelativo e biocentrado,* considerado como a projeção externa das necessidades do ser vivo, que "reina" como um centro em sua circunvizinhança.[31]

Estas diferentes concepções podem ser organizadas logicamente segundo dois eixos principais, um correspondendo a uma *abstração crescente,* outro a uma objetivação ou uma *descentralização crescente* (quadro V).

---

31. Jean-Pierre Astolfi, Anne-Marie Drouin, Milieu, analyse didactique, *Aster,* 3, INRP, 1988.

Quadro V – O conceito de meio: Obstáculos e passagens

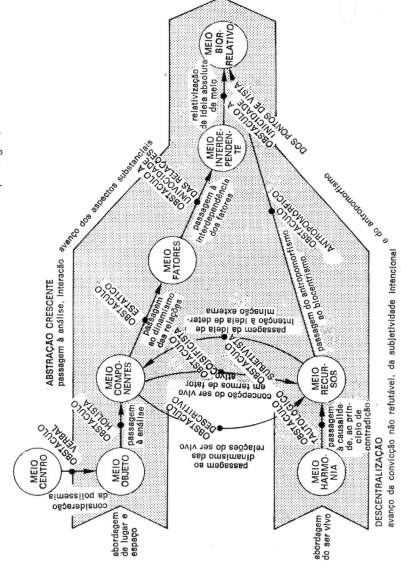

A didática das ciências

- Obstáculo verbal: Ultrapassá-lo é admitir a polissemia da palavra meio e distinguir o sentido geométrico (meio de um segmento) do sentido ecológico.
- Obstáculo holista: Ultrapassá-lo é não mais considerar o meio como um "objeto", com um todo (hólos, em grego) indivisível, e tomar consciência da necessidade de uma análise em elementos: necessidade do inventário, demarcação de elementos heterogêneos numa aparência homogênea.
- Obstáculo estático e descritivo: Ultrapassá-lo é não mais contentar-se com um ponto de vista classificatório estático para, ao contrário, procurar relações entre os elementos. E também não mais contentar-se com um ponto de vista puramente descritivo em que nenhum problema se coloca, mas ao contrário, procurar explicações ou causas.
- Obstáculo da univocidade das relações: Ultrapassá-lo é ser capaz de perceber a complexidade das relações. É passar de uma causalidade linear simples a retroações, a interações, o que supõe que se substituem os raciocínios sobre os indivíduos pelos raciocínios sobre as populações. A ideia de adição de relações é substituída pela ideia de sistema.
- Obstáculo tautológico: Ultrapassá-lo é renunciar à ideia de que as coisas são assim porque são assim. É abandonar a ideia de que um animal possui um "lugar próprio", um lugar natural (no sentido em que Aristóteles emprega essa palavra para designar a base como lugar natural dos corpos com peso), ou que um animal "se encontre bem" graças a um equilíbrio da natureza que o satisfaça, pois isso viria de fato a esvaziar todo o problema científico.
- Obstáculo subjetivista: Ultrapassá-lo é não mais conceber uma causalidade intencional e subjetiva (vista como uma escolha do ser vivo, como uma vontade) e procurar causas mais objetivas, das determinações externas ligadas aos fatores do meio.
- Obstáculo coisificista: Ultrapassá-lo é compreender que o que age sobre um ser vivo não são apenas "coisas" (as condições abióticas do meio) e que os outros seres vivos podem igualmente ser concebidos em termos de fatores.
- Obstáculo da unicidade dos pontos de vista: Ultrapassá-lo é compreender que o meio é relativo a cada um dos seres vivos e perde assim seu caráter material, substancial. É compreender que cada espaço de um dado lugar possui seu meio particular, definido pelo conjunto das relações bióticas e abióticas que ele estabelece com o que o cerca. Tanto que, em um mesmo lugar, podem haver vários meios.
- Obstáculo antropomórfico: Ultrapassá-lo não é renunciar a concentrar a análise sobre o animal, mas renunciar a considerá-lo dotado de uma vontade, de uma liberdade, de uma escolha, até mesmo de um capricho... e isso em proveito de uma forma de concentração ligada à análise de suas necessidades específicas e de sua ação sobre o que o cerca.

A passagem de uma a outra dessas concepções pode ser descrita tanto em termos estatísticos de *obstáculo* (desvio entre as formulações) como em termos dinâmicos de *passagens* (progresso que permite passar de uma formulação a outra).

As evoluções propostas não constituem uma progressão ótima para uma aprendizagem, mas fornecem, isto sim, pontos de demarcação para se tomar as decisões didáticas em função de cada classe através de sua história.

A análise dos obstáculos nem sempre se apoia tão claramente em elementos históricos; ela pode também muito bem resultar de observações ligadas à prática pedagógica ou de pesquisas didáticas empíricas.

IV. Outros conceitos em didática das ciências

Outros conceitos serão aqui apenas mencionados na medida em que são sobretudo operatórios e funcionais na didática das matemáticas que os forjaram. No entanto, é útil evocá-los para ver em que medida seu emprego é possível em didática das ciências.

A ideia de *campo conceitual* (G. Vergnaud) insiste no fato de que o conhecimento deve ser desmembrado não em áreas focalizadas, mas, ao contrário, em áreas bastante amplas, correspondendo cada uma a um "espaço de situações-problemas", cujo tratamento implica conceitos e procedimentos em estreitas conecções (ex.: estruturas aditivas ou multiplicativas).[32] Esse conceito é igualmente útil em ciências experimentais, se não for esquecido que aí o regime dos enunciados nocionais é diferente, uma vez que deve integrar a relação com o empírico.

A noção de *contrato didático* descreve as regras implícitas que regem – no sistema constituído pelo docente, o aluno e o objeto de aprendizagem – a partilha das responsabilidades de cada um dos dois parceiros que são relevantes para o outro. Este "contrato" geralmente só

---

32. Gérard Vergnaud, *L'enfant, la mathématique et la réalité*, Berna: Peter Lang, 1981.

se revela na ocasião de suas rupturas, e frequentemente são momentos positivos da aprendizagem.

Essa ideia está ligada à de *devolução de um problema*, desenvolvida como a precedente por G. Brousseau.[33] Trata-se, assim, de levar em conta a natureza paradoxal da construção de um saber: se o desejo é que o ensino não se limite a fornecer ao aluno um procedimento ou um algoritmo cuja aplicação só lhe reste ser gerada, não se pode responder a todas as suas questões. O saber e o projeto de ensinar devem avançar sob uma máscara, não para esconder alguma coisa do aluno, mas para evitar que a explicação total do contrato conduza a um desabamento da tarefa intelectual, a partir de então, reduzida a seus aspectos mecânicos.

Se o mestre diz muito claramente o que ele quer, diz Brousseau, então não pode mais obtê-lo do aluno. Por isso, ele conduz o avanço do conhecimento graças ao jogo sobre o contrato didático, o que o leva a uma variedade de *situações didáticas* nas quais ele coloca sucessivamente o aluno (situações de ação, de formulação, de validação, de institucionalização).

Para o docente, trata-se de demarcar as *variáveis didáticas*, ou seja, aquelas que, nas situações de aprendizagem, provocam, quando se age sobre elas, adaptações, regulações, mudanças de estratégias, e que, finalmente, permitem fazer avançar a noção em construção.

---

33. Guy Brousseau, "Fondements et méthodes de la didactique des mathématiques", *Recherches en didactiques des mathématiques*, 7.2, Grenoble, La Pensée Sauvage, 1986; Régine Douady, verbete "Mathématiques (Didática dos)", *in Encyclopedia Universalis*, ed. 1984.

4
DIDÁTICA DAS CIÊNCIAS E PROCESSO DE APRENDIZAGEM

Os trabalhos atuais de didática concordam unanimamente sobre o aspecto *construtivo* da aquisição dos conhecimentos, mesmo se as problemáticas e metodologias são variadas, uns inspirando-se por exemplo na corrente piagetiana, enquanto outros se referem mais à psicologia cognitiva que modeliza o tratamento da informação em interação com as aquisições da inteligência artificial. Nota-se, de uma maneira geral, uma tendência a renunciar uma caracterização global dos progressos da aprendizagem, para considerá-los de maneira mais localizada, mais ligada às particularidades de cada situação-problema. Os autores continuam prudentes sobre as relações existentes entre diferentes "microavaliações", e particularmente sobre a questão da transferência de conhecimentos de uma área de aprendizagem a outra.[1] Mas, quaisquer

---

1. Ver particularmente Christian George e Jean-François Richard. "Contributions récentes de la psychologie de l'apprentissage à la pédagogie", *Revue Française de Pédagogie*, 85, 1982, e Patrick Mendelsohn. "Psycologie cognitive et processus d'acquisition des connaissances", *European Journal of Psychology of Education*, 1988.

A didática das ciências 67

que sejam os pontos em discussão, reconhece-se amplamente que a compreensão é alguma coisa que não se transmite e que só pode ser operada mediante a participação central do aluno.

Assim, L. Resnick recusa a ideia de que o ensino possa e deva comunicar tão rapidamente quanto possível os processos que empregam os *experts* para um conceito ou um saber-fazer, pois isso não reconhece o trabalho do aluno na construção dos conhecimentos. Ela lembra que as representações mentais dos iniciantes diferem qualitativamente das de pessoas experimentadas no assunto. E que, além disso, os "novatos" não são capazes de utilizar diretamente as categorias mentais dos *experts* se estas lhes forem fornecidas de imediato. Se for assim, a tarefa do ensino é menos de procurar meios didáticos para fornecer aos alunos, por apresentação/representação, os "modelos de respostas" dos *experts*, do que encontrar os que permitirão aos alunos construir gradualmente, por si mesmos, essas representações de *experts*.[2]

Isso não significa absolutamente que o docente não tenha uma função central durante a aprendizagem, mas que esta não deve ser pensada como *substitutiva*. Mas vale falar como Bruner de "função de apoio" do adulto, isto é, de um modo de intervenção que tente regular-se pelo funcionamento intelectual dos alunos, a fim de melhor obter o seu progresso.

As modalidades desse "apoio" são muitas, de acordo com os autores e as escolas. Bruner enumera as seguintes características: engajamento, redução dos graus de liberdade, manutenção da orientação, sinalização das características determinantes, controle da frustração, demonstração.[3] Ausubel aposta mais na colocação de "pontes cognitivas", pelo professor, que permitirão ancorar o saber novo no que o aluno já sabe, mesmo de maneira muito global e imprecisa; ele distingue pontes cognitivas de integração das pontes cognitivas de comparação.[4]

---

2. Lauren Resnick, "Vers une théorie cognitive de la didactique", *Actes des V^{es} Journnées de Chamonix sur l'éducation scientifique*, Paris: Université Paris VII (Didactique des disciplines), 1983.

3. Jerome S. Bruner, *Le développement de l'enfant: savoir faire, savoir dire*, Paris: PUF, 1983.

4. David Ausubel, *Educational psychology: a cognitive view*, Nova York: HRW, 1968; Joseph Novak, "Compréhension des processus d'apprentissage et efficacité des

O Grupo LNR (Lindsay, Norman, Rumelhar *et al.*) propõe que se formalizem as produções dos alunos em forma de *schemata*, que utilizam um código lógico-linguístico para representar graficamente sua estrutura, sob forma de "nós" e de "relações rotuladas". A tomada de consciência desses *schemata* e o trabalho didático a seu respeito podem ser um meio de favorecer sua evolução.[5]

A ideia de "conflito sociocognitivo", enfim, conduz à construção de dispositivos que fazem entrar em competição diferentes esquemas de pensamento copresentes no interior de uma classe, uma forma de aprendizagem mútua que pode ser operada se o docente construiu bem a situação.[6]

Este aspecto construtivista e heurístico das aprendizagens científicas – quaisquer que sejam as modalidades – não devem mascarar a necessidade complementar de uma estruturação, que permita aos alunos o acesso a um saber socializado. Este não saberia impor-se eficazmente, mas resulta, isto sim, de um esforço de organização e de retomada de aquisições parciais, graças a meios didáticos tão variados quanto as dificuldades redacionais e gráficas, os encaminhamentos de modelização ou os esforços de metacognição.

É o mesmo que dizer que essas aprendizagens devem ser pensadas no quadro de um *modelo didático composto* que postula simultaneamente que o aluno é o centro organizador essencial de seu saber e que o resultado dessa autoaprendizagem conduz o indivíduo a rupturas epistemológicas

---

    méthodes d'enseignement", *Tendances nouvelles de l'enseignement de la biologie*, vol. 4, Paris: Unesco, 1977.

5.   Donald A. Norman, David E. Rumelhart, "Memory and knowledge", in *Exploration in cognition*, São Francisco: Freeman, 1975; Peter H. Lindsay, Donald A. Norman, *Traitement de l'information et comportement humain*, Saint-Laurent (PQ), "Etudes vivantes", 1980 (ed. orig. 1973).

6.   Anne-Nelly Perret-Clermont, *La construction de l'intelligence dans l'interation sociale*, Berna: Peter Lang, 1979; Willen Doise, Gabriel Mugny, *Le développement social de l'intelligence*, Paris: Inter-Editions, 1981; Gabriel Mugny (ed.), *Psychologie sociale du développement cognitif*, Berna: Peter Lang, 1985.

que ele não podia supor no momento inicial. Todo o trabalho da didática consiste em tornar possíveis tais dispositivos, que conduzem a progressos intelectuais, mas só serão melhores quando estiverem ancorados nas estruturas cognitivas do início, cuja evolução está sendo tentada.

I. A iniciação metodológica às ciências

1. Os dois sentidos da palavra "experiência" – Como reagem as crianças colocadas diante dos problemas a serem resolvidos por via experimental? Quais são suas estratégias, seus modos de planificação da ação? Estas questões são importantes pois, conforme as respostas adotadas, resultam escolhas didáticas diferentes para a primeira iniciação científica. Pode-se até mesmo, aliás, tirar consequências opostas a partir dos mesmos dados estabelecidos. Assim, o modelo piagetiano do desenvolvimento indica que os raciocínios hipotético-dedutivos necessários para estabelecer um raciocínio experimental completo não são acessíveis antes da mestria do pensamento formal, ou seja, aproximadamente antes dos 12 anos, senão bem mais tarde. Pode-se entender aqui como uma impossibilidade de fazer com que os alunos jovens, que não dispõem de estruturas lógicas necessárias, pratiquem tentativas experimentais. Esta é uma das razões pelas quais, durante muito tempo, o ensino das ciências físicas só começou na França nas classes de primeiro colegial. Desse ponto de vista, certamente é possível propor atividades científicas prévias, mas estas tomarão então uma significação diferente.

L. Not explica, por exemplo, que o acesso à tentativa experimental implica o poder de raciocínio sobre simples enunciados verbais admitidos a título de hipótese, o que supõe, segundo Piaget, coordenações novas concernentes à combinatória de um lado, e à sistematização da reversibilidade de outro.

Aparecem assim dois sentidos diferentes para a palavra "experiência", um relativo ao tateamento empírico simples, o outro correspondendo à tentativa planificada. Quando a segunda se torna possível, estas duas modalidades de pensamento e de ação vão coexistir por toda a vida, mas há entre elas, diz o autor, "mais do que a diferença que separa o exteriorizado em movimento do interiorizado em pensamento". Em todo caso, não aparece entre uma e outra qualquer relação que autorize a pensar que em se exercendo a primeira, prepara-se necessariamente a segunda.[7]

Pode-se sustentar uma tese diferente, a saber, que a gênese das estruturas cognitivas não se efetuam *sui generis*, fora de toda prática suscetível de ativá-la. Desde então, está claro que as "experiências para ver" diferem das "experiências para provar"; é certo que uma determinada prática das primeiras pode constituir uma base referencial sobre a qual ancorar atividades de reconstrução lógica, mediante o uso de códigos simbólicos. Em suma, se a "experienciação" não garante de forma alguma uma melhor mestria da experimentação, resta-nos apenas uma certa prática da segunda que pode apoiar-se eficazmente sobre a primeira.

Pois o método experimental apresenta na realidade duas faces. Aquela em que mais se pensa, desde Claude Bernard, consiste em passar da hipótese à conclusão antecipada, depois voltar à hipótese integrando os resultados experimentais. Esta necessita efetivamente do uso do pensamento formal e da reversibilidade operatória. A outra face reside na separação das variáveis por comparação de situações naturais e de separações induzidas, sendo que essa separação se clarifica de maneira progressiva. E isso põe, de preferência, em funcionamento o que Wallon chamou de pensamento categorial, que as crianças praticam com eficiência bem antes do acesso à lógica formal.[8]

Na realidade, a escolha de fazer os jovens alunos praticarem atividades experimentais não reside apenas nos resultados de estudos psicológicos ou didáticos concernentes às aprendizagens científicas, mas

---

7. Louis Not, *Les pédagogies de la connaissance*, Toulouse: Privat, 1979.
8. Victor Host, *in Les démarches scientifiques expérimentales, théorie et pratique, Actes des I^{res} Journées de Chamonix sur l'Education scientifique*, Paris: Paris VII, "Didactique des disciplines", 1979.

corresponde também a uma hierarquização diferente dos objetivos, ligados a finalidades educativas e a escolhas de valores distintos. Compreende-se que um físico reticente quanto à validade da introdução das ciências físicas no ginásio ou no primário (isto é, antes de sua existência possível como verdadeiras disciplinas formalizadas) e um ou outro desejoso de incitar as crianças muito jovens a atividades científicas possíveis em seu nível, independentemente das limitações conceituais inevitáveis, não se opõem apenas em suas concepções da ciência e das aprendizagens, mas também em sua concepção de educação. E, se debates de natureza racional e científica são possíveis no primeiro aspecto, quase não é mais possível convencer-se do segundo, no qual posições irredutíveis sobre o homem e sobre a criança são tomadas.

A primeira posição privilegia o corpo organizado de conhecimentos disciplinares e de métodos, que se propõe transmitir de maneira racional e técnica, sem perda de tempo. A segunda não nega a aquisição dos conhecimentos, mas os subordina ao "motor" da atividade de pesquisa que constituem o questionamento, a curiosidade, o desejo de procurar respostas através de sua investigação própria e os intercâmbios entre colegas. Em suma, nenhum dos dois articula da mesma maneira a aquisição de conhecimentos, a mestria de métodos e o desenvolvimento de atitudes.

Assim, todo *ensino* científico é uma *educação* científica, e um grande trabalho é muitas vezes necessário para fazer aparecerem explicitamente os valores legítimos, mas escondidos, aos quais cada um adere e que orientam sua ação.[9] A esse respeito, notar-se-á que cada uma das ciências experimentais dispõe de suas tradições específicas: as escolhas pessoais se inserem nos dispositivos dos grupos.

2. O raciocínio experimental dos alunos – Estudos adequados esforçaram-se em determinar os modos de raciocínio dos alunos quando se encontram confrontados com situações-problemas experimentais mais ou menos abertas.

---

9. Gérard Fourez, *Pour une éthique de l'enseignement des sciences*, Lyon-Bruxelas: Chronique Sociale/Vie Ouvrière, 1985.

A. Giordan propôs a alunos de 5ª série que procurassem resolver problemas biológicos pela via de investigação experimental. Ele nota[10] que o primeiro obstáculo é, para eles, o da atitude frente ao saber. Essa atitude corresponde por um lado à integração de normas escolares anteriores ("os alunos se habituam a receber do professor suas ideias, e é dele que eles as esperam"), por outro lado a uma pequena descentralização em relação ao assunto de estudo (sobretudo quando se trata de estudos sobre animais) que conduz a respostas antropomórficas pré-formadas e que funcionam como paradas no pensamento. Ele mostra como é possível fazer evoluir de maneira progressiva as condutas e os raciocínios, rompendo com o modelo clássico do professor imitado para por em dúvida as certezas estabelecidas, organizar as trocas de pontos de vista entre os alunos, retomar as primeiras tentativas retrabalhando-as, suas transcrições, suas esquematizações.

A. Henriques insiste, por sua vez, na necessidade das atividades livres para os alunos mais novos, anteriores às investigações mais sistemáticas.[11] Mostra, por exemplo, que se for introduzida uma instrução incômoda para tentar evitar as atividades exploratórias pouco finalizadas, os alunos tentam toda espécie de estratégias de evasão que eles precisam para se apropriar do material e da situação. Isto se explica pela distância notável entre a significação da atividade para o docente e sua decodificação pelos alunos.

Pois para aquele material e situação propostos geralmente são apenas ocasiões de exercer uma aprendizagem conceitual ou metodológica; servem de intermediários didáticos em relação a objetivos de uma outra ordem. Mas, para estes, as coisas ocorrem de outra maneira: não lhes é possível ver claramente o objetivo aprazado antes de aproximá-lo, e assim a situação possui inevitavelmente para eles uma espessura (para não dizer uma opacidade) maior. Se o docente se regula pelo objetivo, o aluno só pode então se regular pela situação da qual

---

10. André Giordan, *Une pédagogie pour les sciences expérimentales*, Paris: Centurion, 1978.
11. Androula Henriquès, "Les activités spontanées des enfants", *in Expérimenter. Sur les chemins de l'explication scientifique*, Toulouse: Privat, 1984.

deve traduzir pessoalmente as características. Donde esta necessidade de "familiarizar-se" com o material e a instrução, muito novos para eles, antes de poder passar a uma fase de experimentação *stricto sensu*. Aí estão evidentemente características que escapam amplamente às pedagogias que veem apenas o aspecto lógico-dedutivo dos encaminhamentos experimentais.

Quando são propostas aos alunos situações experimentais mais fechadas, notam-se igualmente características de raciocínio bastante distantes das do *expert*. E. Cauzinille-Marmeche, J. Mathieu e A. Weil-Barai, na obra *Les savants en herbe*, ressaltaram certo número delas. Distinguem o caso da análise de um fenômeno familiar com uma tarefa descrita sem precisão, do caso de um fenômeno menos conhecido com um pedido de planificação.[12]

Um exemplo do primeiro caso é constituído pela observação de uma fatia de pão embolorado sob uma cuba de vidro, com a solicitação de hipóteses relativas a "o que fez com que o pão embolorasse".

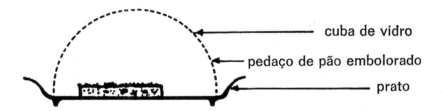

Eles notam que os alunos procuram, por analogia, ligar o fenômeno observado a elementos conhecidos, ou aparentemente conhecidos deles, o que remete de novo a tentativas para "familiarizar" a situação (falam de teia de aranha, de algodão, de bichinhos...). Da mesma forma que utilizam de maneira muito polivalente conceitos como o de "ar", suscetível de explicar qualquer observação cuja causa é obscura.

---

12. Evelyne Cauzinille-Marmèche, Jacques Mathieu, Annick Weil-Barais, *Les savants en herbe*, Berna: Peter Lang, 1983.

O segundo caso será ilustrado, por exemplo, pela duração de combustão de uma vela coberta por um frasco virado, que permite analisar os procedimentos de planificação utilizados pelos alunos.

De um ponto de vista formal, três variáveis são suscetíveis de intervir, das quais é preciso separar os efeitos: o tamanho da vela (pequena, média ou grande, mas sempre da mesma cor e da mesma forma), o volume do frasco (33 cl, 75 cl, 100 cl) e a forma do frasco para um volume dado (forma garrafa ou forma copo).

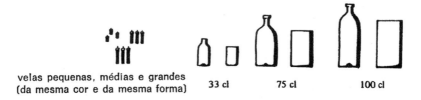

velas pequenas, médias e grandes (da mesma cor e da mesma forma)   33 cl   75 cl   100 cl

As observações feitas pelos autores a partir de várias situações desse tipo são as seguintes:

a) Os alunos são muito lentos para relacionar por escrito suas experiências, para entrarem em acordo num grupo de trabalho, sobre o que há a fazer;

b) São absorvidos pela atividade manipulatória e deixam em segundo plano a planificação que deveria orientá-la, sendo esta elaborada "passo a passo", de maneira local, em função dos resultados parciais obtidos;

c) Não pensam espontaneamente nem em ordenar as medidas, nem em calcular médias, mesmo se estas forem tarefas que eles saibam realizar depois de um pedido explícito. Ao contrário, tentam escolher situações extremas cujos resultados são opostos, o que é uma maneira de "trazer à vista" o quantitativo e o qualitativo;

d) Efetuam raramente uma segunda medida relativa à mesma modalidade, talvez por medo de não saber tratar as falhas no caso de serem encontradas;

e) Quando o plano experimental é um pouco complexo, eles se atêm geralmente a regras de decisão muito simples: transformar assim um problema com três variáveis em um problema do tipo uma variável e duas constantes, só considerando os efeitos de um fator se os dois outros parâmetros têm o mesmo valor. Evitam a necessidade de considerar muitos elementos simultâneos; eliminam igualmente os efeitos de interação possível entre fatores.

3. As posições didáticas – De maneira necessariamente um pouco esquemática, pode-se descrever três tipos de posições a partir das quais se encontram reguladas as trocas didáticas, no quadro de um ensino experimental.

A) A primeira posição consiste em fazer das modalidades da conceitualização dos alunos o motor principal da progressão. Ela poderia retomar por sua conta o aforismo de Papert segundo o qual cada vez que se explica alguma coisa a uma criança, esta é impedida de inventá-la. O que significa que ela fica reservada na eficácia de intervenções magistrais orientadas por um projeto pedagógico divergente do desenvolvimento cognitivo natural. Essa posição não milita absolutamente em favor de uma concepção não diretiva – ou melhor, não intervencionista – do docente, mas, isto sim, de uma vigilância sobre a qualidade da escuta e de uma sensibilidade às evoluções positivas provocadas: prevalecendo assim a função de mediação sobre a de informação.

A. Henriquès critica por exemplo as práticas da escola tradicional segundo a qual o adulto traz os conhecimentos e os raciocínios para que o aluno os registre, submeta-se a eles e os interiorize. Ora, na ótica piagetiana, os mecanismos através dos quais a criança apreende não depende inicialmente de sua boa vontade ou da estrutura do saber ensinado. É preciso, isto sim, fornecer-lhe ocasiões de modificar os "esquemas" graças aos quais ele constrói seu mundo cognitivo. Isso não significa, de maneira simplista, que os alunos devam descobrir tudo pela atividade autônoma, mas que a escola não pode ser eficaz se impuser um sistema de coações não compreendidas, funcionando como um molde normalizador: podendo esse molde produzir condutas miméticas, mas não possibilitando a autoestruturação do meio real.[13]

---

13. Androula Henriquès, *op. cit.*

B) Quase oposta, uma posição "antinaturalista" critica esse ponto de vista julgando-o muito empirista no plano da elaboração do saber. S. Johsua analisa como um "mito naturalista" uma progressão regular do conhecimento traduzida no plano da aprendizagem pelo aluno.

Ele recusa a ideia de que existiria um sistema natural de aprendizagem da física, fundado sobre uma boa correspondência entre o modo de aquisição dos conhecimentos do aluno e o método experimental das ciências.

Ele contesta que o aluno aprenda por um método fundamentalmente indutivo: que ele olhe, observe, compare, raciocine e conclua. Pois o conhecimento não é inicialmente um processo de ordenação do real, graças ao qual ele se constrói "silenciosamente".[14]

Aqui, as aprendizagens científicas determinam mais as rupturas com o saber inicial, e os modelos devem ser introduzidos num quadro onde as observações adquiram seu sentido; e por falha de tais modelos, as experiências propostas em classe se revelam mais "expositivas" que "demonstrativas". Além disso, os métodos científicos são descritos como localizados e sempre ligados a um conteúdo específico de conhecimento, sem que se possa contar com os efeitos esperados de uma transmissão.

C) Finalmente, esses dois pontos se unem simetricamente para criticar a pedagogia da "redescoberta" tão prezada por C. Brunold e G. Lazerges,[15] seja por recorrer demasiadamente aos supostos modos de pensamento dos alunos, seja por não lhes respeitar suficientemente.

Pode-se pensar a iniciação experimental de maneira mais interativa. Certamente, deve-se desconfiar da concepção positiva, sempre persistente,

---

14. Samuel Johsua, *Contribution à la délimitation du contraínt et du possible dans l'enseignement de la physique (essai de didactique expérimentale),* tese de livre-docência, Universidade de Aix-Marseille II, 1985.

15. Charles Brunold, *Esquisse d'une pédagogie de la redécouverte dans l'enseignement des sciences,* Paris: Masson, 1948; Guy Lazerges, *L'enseignement des sciences physiques dans le second degré,* Paris: SEVPEN, s.d. (retomada de uma conferência pedagógica de 1955).

que acredita poder definir um método independente de seu objetivo de estudo (em outras palavras: um itinerário fora de sua destinação). No trabalho científico efetivamente, um método nunca tem sentido senão em função de uma pergunta e de um problema e, particularmente em biologia, corresponde sempre a um artifício ao qual é indispensável recorrer, mas do qual se deve simultaneamente desconfiar um pouco.

G. Canguilhem mostra assim que a experimentação biológica constitui um momento analítico que deve sempre ser recolocado numa totalidade orgânica, não sendo os corpos vivos nem uma "república de artesãos", nem uma "máquina sem maquinista". Ele explica de uma bela maneira, através da metáfora do ouriço, que é preciso ter cuidado em proteger ingenuamente nossos próprios quadros de análise obrigando-os a se dobrar. O ouriço, diz ele, não atravessa nossas estradas, contrariamente àquilo que facilmente imaginamos. A estrada é um elemento do meio humano, um produto de sua técnica, e não tem sentido para o ouriço que, por sua vez, só explora seu próprio meio em função de seus impulsos alimentares e sexuais. São as estradas do homem, isto sim, que atravessam o meio do ouriço, e o método experimental, no sentido etimológico, é uma espécie de estrada traçada no mundo do ouriço fora da lógica biológica própria deste. Logo, há sempre razão para desconfiar de nossas interpretações das reações do animal "frente" à intervenção humana.[16]

Se isso parece indiscutível, no plano da pesquisa, não resulta daí, no entanto, qualquer implicação didática direta. Pois não se deve confundir a vigilância que a epistemologia contemporânea introduz (em relação às práticas experimentais analíticas) com uma desqualificação, sobre o plano das aprendizagens, da mestria de tais ferramentas intelectuais. Para dizer em outras palavras, a crítica de Canguilhem visa práticas que se instalam nos procedimentos analíticos redutores, mas não atinge as tentativas didáticas que visam o acesso a esses quadros de análise: em suma, não se deve condenar, em nome de uma globalidade integrante

---

16. Georges Canguilhem, "L' expérimentation em biologie animale", *in La connaissance de la vie*, Paris: Vrin, 1965 (ed. orig. Hachette, 1952).

situada acima do procedimento analítico, o avanço necessário de um sincretismo indiferenciado, situado abaixo.

As pesquisas do INRP e os trabalhos de A. Giordan contribuíram para testar tal modelo para o ensino científico precoce. A solução só pode passar pela sucessão pedógica de atividades que obedeçam a lógicas diferentes, a cada momento tomando sentido apenas em função da interação com outras. Pode-se assim distinguir períodos em que a atividade investigatória é orientada pelo jogo, pela curiosidade, pela gratuidade, pelo interesse imediato e pragmático: isso propicia principalmente tentativas "para ver", de desempenho fraco no plano estritamente científico, mas indispensáveis para que os alunos possam se representar e investir nas situações, a partir de suas representações iniciais (atividades supostamente funcionais). Sem que isso seja sempre inicialmente programado, pode-se passar a momentos em que a atividade chega a um *status* científico, mas em que o método continua ainda amplamente tateante e heurístico, com momentos de reorganização da planificação e dados recolhidos (atividades de postulação/resolução de problemas). Tudo isso não é contraditório com as sequências sistemáticas, em que o encaminhamento se apoia nas características da experimentação tal como a descrevem os cientistas.[17]

A hipótese central aqui é apenas o acesso aos objetivos metodológicos em ciências, não é possível nem por uma autoestruturação demasiado respeitosa dos encaminhamentos dos alunos, nem por uma heteroestruturação que impõe quadros preconstruídos.[18] É a sucessão das atividades que pode ser portadora de sentido, e sobretudo o fato de dispor" por referência a cada atividade da lógica contrastada, de outros momentos para chegar a descentralizações progressivas.

Pois a significação, por exemplo, de um momento em que o docente propõe uma experimentação guiada, organizada em torno da separação das variáveis, será diferente conforme os alunos tenham ou

---

17. Michel Develay, "Essai de caractérisation des types de séquences conduites en activités d'éveil scientifiques", *in Eveil scientifique et modes de communication*, Paris: INRP, col. "Recherches pédagogiques", 117, 1983.

18. Louis Not, *op. cit.*

não tido a ocasião, numa outra oportunidade, de se esforçar para tal separação sobre outras variáveis. Inversamente, no quadro da resolução autônoma de um problema novo, tentativas anteriores mais sistemáticas podem constituir esquemas mentais úteis desde que a aplicação não seja mecânica. Como bem o expressa P. Meirieu, a aprendizagem supõe duas exigências complementares: é preciso que o mestre se adapte ao aluno, se faça *epistemólogo de sua inteligência*, estando atento às eventualidades de sua história pessoal; e é precisamente porque o mestre terá gasto tempo para isso que ele estará à altura de *confrontar o aluno com a alteridade*, de ajudá-lo a se superar. Todo aluno tem necessidade, ao mesmo tempo, de uma pedagogia que corresponda a ele e de se medir com outras pedagogias; as exigências didáticas só são possíveis se correspondem a progressos efetivamente possíveis.[19]

II. A consideração didática das representações

Já se notou o caráter central em didática das ciências, das pré-concepções feitas pelos alunos com respeito aos conteúdos do ensino. A necessidade de levá-las em conta aparece hoje amplamente partilhada, como o mostra principalmente a massa dos trabalhos do INRP, do LIRESPT (Paris VII), do LDES (Genebra), para citar apenas os principais laboratórios francófonos europeus, mas também as teses ainda não evocadas de M. Bazan, G. de Vecchi, B. Marty... nas ciências biológicas, A. Dumas-Carré, B. Macedo, L. Maurines, M. Meheut, E. Saltiel, M.-G. Séré... nas ciências físico-químicas.

P. Johnnaert esforçou-se em fornecer a prova experimental de uma maior eficiência das pedagogias que levam em conta as representações, avaliando de maneira controlada dois dispositivos de aprendizagem idênticos de um outro ponto de vista.[20]

---

19. Philippe Meirieu, *in* Charles Delorme (ed.), *L'évaluation em question(s)*, Paris: ESF, 1987.

20. Philippe Jonnaert, *L'analyse du préacquis cognitif des élèves de l'enseignement fondamental au service des didactiques de la mathématique et des sciences expérimentales*, tese de doutorado, Mons, 1986.

Como efetuar tal consideração? É certo que as coisas são menos fáceis do que se havia imaginado quando dos primeiros estudos sobre o tema[21] e, de certa forma, pode-se compreender que os promotores da "redescoberta" como Ch. Brunold tenham hesitado em penetrar neste universo instável e incerto.

Talvez também seja essa a razão pela qual um psicólogo como D. Ausebel, que evidencia a "estrutura cognitiva" do aluno, e a necessidade de tomar como apoio, graças às "pontes cognitivas", seu saber anterior, ainda que vago, curiosamente nunca tenha considerado esses saberes prévios particulares que são as representações.

No entanto, apesar da dificuldade da tarefa, deve-se realmente tentar, a menos que se negue o problema com um método como o de Chevallard,[22] encontrar alternativas pelo método expositivo (e por sua variante pseudodialogada) que provaram sua ineficiência.

A problemática adotada lembrará aquela que se acabou de evocar para a iniciação experimental: deve-se explorar todas as vias que permitam o apoio nas representações dos alunos, não para se comprazer, mas fazendo-o de maneira tal que seu progresso seja favorecido. Quando se ativa *conflitos sociocognitivos* na classe junto a situações-problemas é que se pode chegar aí, com o docente utilizando sua "função de apoio" (Bruner) não para impor informações científicas alternativas, mas para constituir dispositivos de aprendizagem adaptados.

Essas situações-problemas podem principalmente ser organizadas tanto para "resolver" sistemas explicativos contraditórios, copresentes na mesma classe (quadro VI), quanto para procurar limites de validade de uma representação funcional num quadro limitado (quadro VII).[23]

---

21. Jean-Pierre Astolfi *et al.*, *Quele éducation scientifique, pour quelle société?*, Paris: PUF, 1978.

22. Yves Chevallard ressalta o caráter "apátrido" desse conceito em "Quelques répresentations touchant le concept de la représéntation", *Actes de la Seconde Rencontre Nationale sur la Didactique de l'Histoire et de la Géographie*, Paris: INRP, 1987.

23. Esses quadros são extraídos de *Procédures d'apprentissage en sciences expérimentales, op. cit.*, pp. 21, 23.

Quadro VI – Progresso de representações
por ativação de conflitos sociocognitivos

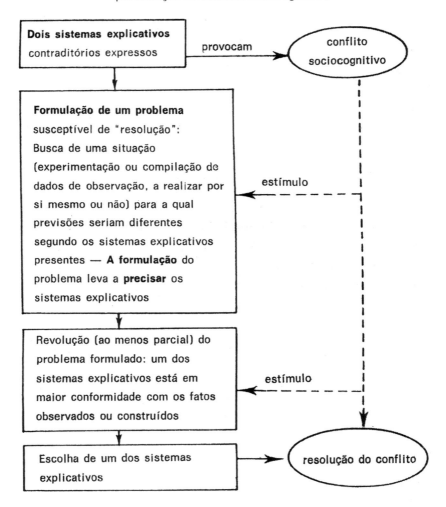

Quadro VII — Progresso de representações por buscas de limites

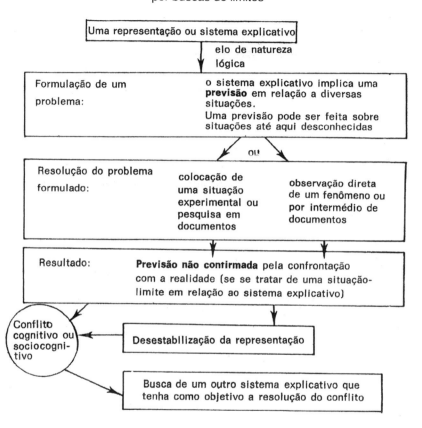

A didática das ciências 83

Adicionemos a isso, segundo G. de Vecchi, que as representações não evoluem de maneira compartimentada, de um conceito a outro, pois não são decalcadas em "nada". Ele mostra[24] que a representação de cada conceito se integra numa "aura conceitual" muito mais larga e interdisciplinar.

Assim, a do conceito de digestão integra elementos biológicos (noções de órgãos, de aparelho, de função, de meio interior...), mas também físicos (estados da matéria, dissolução, suspensão, filtração...), químicos (corpos simples e compostos, simplificação molecular...), psicogenéticos (tempo e duração, ordens de grandezas, passagem a três dimensões, conservação da matéria, causa...). Imediatamente não se teria apenas evoluções locais (representações em direção a níveis de formulação de um conceito), mas interações transconceituais com patamares de integração sucessivos, em que cada evolução sobre um ponto particular necessita ou provoca transformações sobre outras.

Como, no quadro dessa problemática de conjunto, utilizar mais concretamente as representações em classe? Sua vitalidade se situa em diversos níveis que podem ser distinguidos da seguinte maneira:

1. Pode-se fazer com que se manifestem antes de abordar uma noção, a fim de melhor conhecer o "estado dos lugares". Serão então utilizadas as técnicas clássicas de compilação: desenhos solicitados, questões abertas que podem ser seguidas de conversações, análise de produções espontâneas...

Mas pode-se igualmente registrar e decodificar discussões em classe, a fim de proceder a análises mais aprofundadas.

2. Essas informações podem ser compiladas para conhecer os alunos e seu nível conceitual, sem preocupação de reinvestimento imediato, mas guardando-as na memória para orientar intervenções futuras.

---

24. Gérard de Vecchi, *Modalités de prise en compte des représentations enfantines, en biologie à l'école élémentaire, et leur intérêt dans la formation des maîtres*, tese de doutorado, Paris VII, 1984; André Giordan, Gérard de Vecchi, *op. cit.*

Podem igualmente permitir uma avaliação formativa de uma sequência de aprendizagem, para um simples sistema de "pré-teste/pós-teste" graças ao qual se obtêm informações sobre o que é "passado" e o que não é, e se operam os reajustamentos necessários.

3. De acordo com as modalidades, esta avaliação formativa pode continuar sendo uma informação para o mestre, ou ser partilhada com os alunos. Nesse caso, uma seção de seus cadernos ou fichários pode comportar páginas reagrupando "as ideias que tenho sobre...": podem periodicamente ser convidados a se reportar a elas, a retomá-las ou completá-las, tomando assim consciência a médio prazo dos pontos sobre os quais evoluíram.

4. As representações podem servir igualmente para organizar a atividade de classe e para planificá-las:

- para escolher e organizar situações-problemas desencadeadoras, apoiadas em expressões anteriores dos alunos e favorecendo sua confrontação;
- para determinar os "nós de dificuldade", os objetivos-obstáculos que a aprendizagem procura atacar prioritariamente;
- para planificar a atividade de classe libertando-se ao menos parcialmente da linearidade dos programas para levar em conta a lentidão dos processos de aprendizagem, da complexidade dos encaminhamentos individuais, da necessidade de retomadas e de reestruturações.

5. Pode-se também "enviar" aos alunos uma imagem de suas próprias concepções e conduzir com eles uma atividade do tipo metacognitiva, que pode ser diferente (por exemplo, a partir de um documento que retome e reorganize os elementos de uma discussão anterior registrada).

6. As representações podem, enfim, ser instrumentadas para determinar o que existe para ser avaliado, além dos conhecimentos factuais e do "verniz" lexical mais ou menos assimilado.

III. Simbolização e conceitualização

É coerente com a abordagem construtivista dos conhecimentos científicos desenvolvidos anteriormente atribuir grande importância às atividades de simbolização, de reformulação e de transcodificação. Pois se se procura evitar a imposição pouco eficaz de saberes magistrais (compreendida suas variantes "dialogadas"), é frequentemente por meio de tais atividades que se revela uma possível mudança de nível entre as primeiras elaborações conceituais e sua reconstrução mais adequada às exigências científicas.

1. Aprendizagem científica e uso de códigos simbólicos – A retradução de elementos empiricamente construídos pelo uso sistemático de uma linguagem ou de um código funciona sobre três registros complementares: o do distanciamento, o da coerência semiótica e o da metacognição, que serão sucessivamente evocados.

A) *O distanciamento* – No momento de uma primeira elaboração (podendo se tratar de um tateamento experimental ou da emissão de uma representação durante uma atividade, os alunos se encontram colocados na *lógica da dependência imediata* da ação ou da expressão, isto é, numa atitude intelectual de espontaneidade que torna difícil a visão distanciada, o controle sobre o que acaba de ser produzido. Ao contrário, é a possibilidade de uma "retomada diferenciada" das primeiras tentativas, traços provisórios e rascunhos, que favorece a descentralização pessoal e a releitura mais sinótica, sobretudo se for acompanhada de trocas interindividuais ou intergrupais na classe. E isto mais ainda por conta da maioria de alunos, incluídos até o ginásio,[25] que ainda não têm acesso ao pensamento formal com o que este implica como reversibilidade possível.

Inúmeros trabalhos do INRP revelaram assim os benefícios desses momentos de retomada coletiva na classe. M. Paulin mostrou, por exemplo, numa exposição sobre a evaporação, como esses trabalhos

---

25. Françoise Cros, "Le développement cognitif des élèves en sixième", *in L'orientation scolaire et professionnelle*, 3, 1985.

permitem reorganizar diferentes variáveis demarcadas para explicar o tempo de secagem da roupa pendurada, e mesmo para fazer aparecer uma variável suplementar não percebida até então. Um aluno só percebe naquele instante que se a roupa seca mais rápido quando está estendida, é porque a superfície de evaporação aumenta proporcionalmente. Até então não havia pensado nessa variável, mesmo conhecendo a eficácia prática do estendimento. Um outro aluno havia colocado dois recipientes idênticos (com mesma superfície de evaporação), um no interior da classe, o outro sobre a janela, para testar o efeito da diferença de temperatura e declara, depois da análise dos resultados: "Eu não entendo mais nada, eu descobri que a água se evaporava mais rápido do lado de fora onde é mais frio, e agora há pouco vimos que no calor a evaporação é mais rápida!". As trocas permitem resolver a contradição demarcada fazendo intervir uma variável que o aluno não havia suposto até então: a agitação do ar (o vento).

Da mesma forma, um aperfeiçoamento dos primeiros textos dando conta de observações ou resultados experimentais pode ser notado com clareza.[26]

B) *A lógica própria do código empregado* – Esta descentralização permite, como se vê, ultrapassar as características referenciais particulares do trabalho em curso para chegar ao símbolo ou ao signo, e empregá-los de maneira sistemática. Cada modo de expressão possui de fato uma sintaxe particular, cujo uso rigoroso e sistemático favorece um funcionamento convergente do pensamento. O qual se traduz nas produções didáticas.

Um exemplo clássico diz respeito ao estudo experimental dos bolores, para o qual os alunos exprimem seus resultados em forma de "árvores" matemáticas, de quadro com dupla entrada e "telex":[27]

---

26. *Eveil scientifique et modes de communication*, Paris: INRP, col. "Recherches pédagogiques", 117, 1983.
27. *Eveil scientifique et modes de communication, op. cit.* Ver também Jean-Pierre Astolfi, "Les langages et l'élaboration de la pensée scientifique", *in Le Français aujourd'hui*, 74, 1986, onde este item é retomado em vários elementos.

– Exemplo de *árvore matemática*:

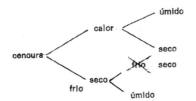

Aqui as rasuras são importantes. Elas indicam o esforço que foi necessário para formalizar o fato de que o calor se opõe ao frio e não ao seco.

– de *quadro com dupla entrada*:

Alimento	Etiqueta	Bolor ou não
pão	calor-seco	não
queijo	calor-seco	não
maçã	calor-seco	não

Os quadros permitem uma garantia de que se testam sistematicamente todas as modalidades ou, inversamente, como aqui, que se considera, para diversos alimentos, a mesma modalidade.

	c	f	s	h
pão	×			×

	c	f	s	h
limão	×	×		×

– de *telex*:

LARANJA. FRIO. SECO. TRAÇOS DE BOLORES.
LARANJA. CALOR. SECO. LEVEMENTE EMBOLORADA
LARANJA. CALOR. ÚMIDO. SEM BOLOR.
QUEIJO. CALOR. SECO. SEM BOLOR.

O que conta aqui, mais do que a aplicação mecânica de um código imposto, é ter suscitado uma variedade de modos de representação gráfica dos resultados, e uma discussão crítica ao mesmo tempo sobre o valor de cada um deles e sobre sua legibilidade.

Esses dados podem ser especialmente interpretados à luz dos dados da psicologia soviética que insiste muito em descrever a conceitualização como uma interiorização progressiva da ação, fazendo suceder um comportamento ao nível material, um outro ao nível verbal, depois ao nível mental.[28]

---

28. P. I. Galperine. N.F. Talyzina, *in De l'enseignement programmé à la programmation des connaissance*, Lille: Presses Universitaires de Lille, 1980.

Evidentemente, estes trabalhos fundam sobre a base precedente uma pedagogia que distingue de maneira muito progressiva nos alunos jovens as etapas de uma progressão finalmente bastante dogmática. Mas pode-se aproveitar deles a importante função de interface que as linguagens podem ter, assim como sua decisiva função de socialização, para fazer passar da lógica individual da ação à conceitualização, integrando quadros sociais.

Sobre um outro plano, deve-se aproximá-los dos trabalhos experimentais de J.-F. e L. Vezin que ressaltaram a importância da esquematização e da ilustração em relação à seleção e à organização cognitiva da informação escrita.[29] Apesar de se situar mais em situação de leitura do que de produção, suas pesquisas insistem sobre os efeitos favoráveis da manipulação dos códigos e de sua transformação para as aquisições científicas.

C) *A metacognição* – Igualmente, será notado o importante aspecto cognitivo das atividades precedentes, que é colocado antes como facilitador das aprendizagens por outras correntes de pesquisas.[30] A metacognição, que pode ser caracterizada, segundo B.-M. Barth, como a aprendizagem da conduta consciente de seu pensamento, parece ter efeitos positivos em três níveis:

– permitiria uma otimização da atividade cognitiva, graças a controles reguladores periódicos sobre sua própria atividade e sua organização. O que nos leva a uma melhor definição da

---

29. Jean-François Vezin, "Schématisation et acquisition de connaissances", *in Revue française de Pédagogie*, 77, 1986; Liliane Vezin, "Les illustrations, leur rôle dans l'apprentissage de textes", *in Enfance*, 1, 1986.

30. Britt-Mari Barth, "La métacognition", *in L'apprentissage de l'abstration*, Paris: Retz, 1987, cap. 7; Anne-Marie Melot, Anh Nguyen-Xuan, "La connaissance des phénomènes psychologiques", *in* Pierre Oléron, *Savoirs et savoir-faire psychologiques chez l'entant*, Bruxelas: Mardaga, 1981; Nancy Bell, "Quelques réflexions à propos de la métacognition", *Dossiers de psychologie*, 25, Neuchâtel, Seminário de Psicologia, 1985.

tarefa cognitiva e de seus objetivos, e ao controle correspondente da "orientação em direção à tarefa" (cf. novamente Vygostsky e a psicologia soviética, mas também Bruner);

- conduziria, além de conhecimento metacognitivos do indivíduo sobre seu próprio funcionamento intelectual – ou antes abaixo deles –, a uma modificação sobre o plano das atitudes: o hábito desenvolvido da auto-observação e do autocontrole, que se deveria verificar se constitui uma ajuda para todos os indivíduos ou se corresponde a um "estilo cognitivo";

- produziria reconceitualizações de nível superior se seguirmos o que diz Piaget da "tomada de consciência": é permitindo passar das "abstrações reflexivas" a "abstrações refletidas", isto é, de uma releitura refletida da ação a uma releitura refletida do pensamento propriamente dito.[31]

2. Aprendizagens linguísticas e semiológicas usadas pelas ciências – Às aprendizagens do tipo heurístico que se acabou de evocar, favorecidas pelo uso de sistemas simbólicos que conduzem a uma reestruturação cognitiva da ação, deve-se juntar a utilidade de aprendizagens mais sistemáticas concernentes aos aspectos linguísticos e semióticos da atividade científica.

Esta, por exemplo, supõe que estejam claras para os alunos as características contrastivas dos diversos tipos de textos que eles possam vir a manipular em ciências. Poderia se pensar que se trata de aprendizagens instrumentais provenientes do ensino de francês, mas, de fato, as ciências experimentais mobilizam competências linguísticas suficientemente amplas e diversas, frequentemente distanciadas das preocupações essenciais da aprendizagem da língua, muito mais ligada às características referenciais das situações, que necessitam de aprendizagens específicas, ou melhor, de coordenações interdisciplinares.

---

31. Jean Piaget, *La prise de conscience*, Paris: PUF, 1974.

J.-M. Adam propôs uma tipologia de textos, que nos parece possível de adaptar e de especificar para as aprendizagens científicas.[32] Separando assim os tipos narrativo, retórico e convencional, fixados pelo autor, propomos classificar os tipos de textos encontrados pelos alunos em ciências, seja em situação de produção (escrita) ou de recepção (leitura) da seguinte maneira (ver quadro VIII).

Quadro VIII – Principais tipos de textos utilizados na aprendizagem das ciências

	Tipos de texto	Características sumárias	Palavras-chave
	Textos descritivos	Descrevendo o organismo de uma estrutura, ou o desenvolvimento de um fenômeno, decompondo suas unidades. Nomeando os elementos distinguidos utilizando (ou criando) um vocabulário especializado. Prestando-se bem a uma representação do tipo agregador (árvores lógicas...).	Classificação Denominação Atlas Tabularidade
Situação de produção e/ou de emissão	Textos explicativos	Apresentam um fenômeno descrevendo seu mecanismo, fazendo aparecer suas causas, suas condições de funcionamento ou de apreciação. Prestando-se bem a uma representação por esquemas indicados, mesmo complexos, materializando as relações em jogo.	Causalidade Condição Modelização
	Textos argumenta-tivos	Discutem uma hipótese, uma teoria, confrontando-a com os dados empíricos disponíveis (ou que se pode provocar experimentalmente). Enquanto a argumentação persuasiva procura desviar os argumentos contrários, desqualificando-os ou substituindo-os sem discussão de outros argumentos (para melhor convencer), a argumentação demonstrativa os privilegia para tentar refutá-los (no objetivo de provar).	Hipótese Implicação Cadeia lógica

---

32. Jean-Michel Adam, Quels types de textes, *in Le français dans le monde*, 192, abril 1985. E também, do mesmo autor, *Le récit*, Paris: PUF, col. "Que sais-je?", 1984. Ver também: Les types de textes, *Pratiques*, 56, 1987; La typologie des discours, *Langue française*, 74, 1987.

	Tipos de texto	Características sumárias	Palavras-chave
Situação de produção	Textos crônicas	Permitem conservar na memória uma sucessão de observações, de acontecimentos, de dados. Caracterizam-se por sua linearidade, pontos sucessivos correspondendo a um temporal.	Resumo Arquivo
Situação de recepção	Textos "instrutivos" ou injuntivos	Permitem ao leitor efetuar uma operação conforme as indicações fornecidas ou reproduzir de forma idêntica a sequência das ações que o autor efetuou e descreveu. Caracterizam-se, como os precedentes, por sua linearidade, mas se apresentam em uma forma ordenada que resulta de sua finalização.	Protocolo Instrução Modo de emprego

Até o fim do ginásio (e talvez além dele...), os alunos calculam mal essas distinções, e não conhecem suas características distintivas. Os docentes, por sua vez, sabem dizer aos alunos que seus textos expontaneos são mal construídos, mas não dispõem de ferramentas cuja apropriação faria com que os alunos progredissem. Não se trata evidentemente de fornecer tipologias e critérios distintivos acima da atividade científica, pois se pode estar quase certo de que a remobilização desses conhecimentos prévios seria deficiente, mas de se servir deles numa ótica de avaliação formativa, ou mesmo de avaliação formadora.[33]

A) *Em situação de produção,* os escritos espontâneos dos alunos correspondem frequentemente a formas orais transcritas, mais do que a formas realmente concebidas para a escrita. O trabalho de aperfeiçoamento textual pode então visar a precisão do vocabulário, do sistema dos tempos empregados, do jogo dosconectores lógicos, da estrutura do conjunto que pode ser cronológica, narrativa, argumentativa...

Assim, uma primeira redação consecutiva a um passeio biológico em direção à floresta ou ao mar é quase sempre estruturada de forma cronológica (fizemos isso... e depois...), mas não obedece nem a um

---

33. Michel-Paul Vial, Statut de la carte d'étude dans un dispositif d'évaluation-régulation (didictique et tâches de synthèse en expression écrite), *in Pratiques*, 53, 1987.

esquema narrativo, nem à estrutura tabular de uma descrição. Pode-se tomar essa ocasião para fazer reconstruir os dados, de maneira paralela e comparativa, de acordo com a lógica própria de cada um desses dois tipos de textos (narrativo e descritivo em ocorrência).

Abaixo dessas distinções já terminadas, é útil propor e fazer com que sejam utilizados critérios que permitam construir textos de caráter científico, distinguindo-se de textos de caráter subjetivo ou expressivo: distinguir o que ressalta dos dados ou dos fatos, o que ressalta de sua interpretação, o que ressalta da opinião ou do comentário pessoal...

B) *Em situação de recepção,* nota-se a que ponto as obras escolares, como as de divulgação científica, combinam, sob forma de uma superestrutura complexa, diversos componentes textuais.

Com isso, frequentemente, o estatuto dos textos e também as informações que eles contêm são o problema para a decodificação, e os alunos não estão armados para essas dificuldades imperceptíveis aos olhos do especialista.[34]

Por exemplo, a leitura de um capítulo de manual de biologia muitas vezes torna-se difícil pela estrutura da argumentação, que constantemente hesita entre uma lógica expositiva baseada na dedução, e uma lógica argumentativa mais indutiva. Essa lógica "expositiva" híbrida toma então frequentemente a forma de um problema biológico a ser resolvido (superestrutura argumentativa) na qual vêm se integrar informações e passagens do tipo explicativo que podem ser compreendidas apenas em virtude da conclusão, em direção da qual parece se dirigir o texto, mas que constantemente se pressupõe.

Tudo isso ganharia em sendo objeto de aprendizagens continuadas da leitura, pois as dificuldades reais são frequentemente subestimadas.[35]

---

34. Yvette Ginsburger-Vogel, *Apprentissages scientifiques au collège et pratiques documentaires,* Paris: INRP, 1987; Jean-Pierre Astolfi, "Lire dans un manuel: pas si facile pour les élèves", *Cahiers pédagogiques,* pp. 254-255, 1987.
35. "Le français au carrefour des disciplines", *Le français aujourd'hui,* 74, 1986; Bernard Combettes, "Perspective fonctionnelle de la phrase et compréhension de

Da mesma forma, aliás, a decodificação das informações do tipo gráfico e esquemático traz aos alunos problemas terríveis, sob a aparente evidência.[36]

IV. A modelização

Há alguns anos, emerge, em didática das ciências, a necessidade de uma abordagem dos modelos e da modelização.[37]

Os modelos permitem, segundo Martinand,[38] a apreensão de dois aspectos maiores da realidade natural e técnica contemporânea:

- facilitam a representação do *escondido*: substituindo as primeiras representações por variáveis, parâmetros e relações entre variáveis, fazem com que se passe a representações mais relacionais e hipotéticas;
- ajudam a pensar o *complexo*: identificando e manipulando bons sistemas, permitem descrever as variáveis de estado e de interação, as relações internas entre essas variáveis, os valores de imposições exteriores.

Este duplo caráter hipotético e sistemático é constitutivo dos modelos que constrói a ciência. Estes constituem assim representações *calculáveis* de que a didática permite a apropriação.

---

textes: lecture des manuels scolaires", *Enjeux*, 9, 1986 (Bruxelas, difusão Labor).

36. Alain Robert, "La mise en scene du savoir scientifique dans les documentaires", *Aster*, 4, 1987; Jean-Pierre Astolfi, Yvette Ginsburger, Brigitte Peterfalvi, "La schématisation en didactique des sciences", *Bulletin de psychologie*, XLI, 386, 1988.

37. Bernard Walliser, *Systèmes et modèles*, Paris: Seuil, 1977; Jean-Louis Le Moigne, *La théorie du système général. Théorie de la modélisation*, Paris: PUF, 2ª ed. revista, 1984.

38. André Giordan, Jean-Louis Martinand (ed.), *Modèles et simulation*, "Actes de IXes Journées de Chamonix sur l'éducation scientifique", Paris: Universidade Paris VII, Didactique des disciplines, 1987.

A modelização intervém muitas vezes em classe em função de uma *necessidade* de explicação que não satisfaz o simples estabelecimento de uma relação causal.

Por exemplo, pode-se estabelecer que, quando se aquece um líquido, seu volume aumenta e sua massa permanece constante. Este aumento de volume sem aumento de massa cria na maioria dos alunos, assim que é constatado, uma forte demanda de explicação. É útil então introduzir um modelo, neste exemplo particular, que permita pensar em um aumento de volume sem ganho de matéria.

É preciso distinguir claramente, diz ainda Martinand, dois níveis diferentes de análises, frequentemente confundidos:

a) O nível fenomenológico, concernente ao estudo dos objetos, dos fenômenos e das relações entre eles (nível do "referente empírico");

b) O nível dos modelos construídos sobre essas referências, de acordo com as exigências que não têm solução no primeiro nível.

O problema didático principal consiste em permitir aos alunos perceber e conceber o caráter *arbitrário* do modelo, havendo de qualquer forma o desvio com um simples reflexo formalizado do real. Se nos colocarmos no centro do processo de modelização, e se dermos conta das atividades do indivíduo enquanto modelizador, somos levados, segundo Walliser, a distinguir o caráter complementar de dois pontos de partida opostos: um *campo teórico* por um lado (área da axiomatização), e um *campo empírico* de outro (área da experimentação e da medição), desenvolvendo eles próprios dois aspectos complementares do modelo: o *modelo teórico* (resultante de uma equação de um sistema e apresentando um caráter hipotético a confirmar), e o *modelo empírico* (resultando de um tratamento dos dados a partir do modelo teórico; esses dados conduzem muitas vezes, por sua vez, a um reajustamento do modelo teórico inicialmente muito grosseiro).

Esse processo de modelização em seu conjunto (ver figura abaixo) é conduzido, num movimento de espiral, por toda comunidade científica, estando cada trabalho de pesquisa particular situado em um ponto localizado desse ciclo.

Todas essas características da modelização quase não aparecem na situação didática, a não ser talvez no caso em que se utiliza o computador para simular situações experimentais, e os modelos científicos são em geral apresentados aos alunos *como a realidade diretamente interpretada* muito mais do que como representações construtivas, conscientemente reduzidas e calculáveis.

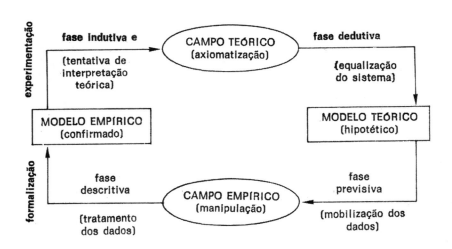

Muitas tentativas exploratórias são atualmente conduzidas para determinar o que pode ser realizado com os alunos.

Assim, M. Méheut e uma equipe do LIRESPT (Paris VII) fizeram com que alunos da 7ª série trabalhassem com modelos particulares. Não para impor um modelo formal com sua sintaxe, mas para permitir que os alunos explorassem as relações possíveis entre o nível macroscópico das transformações físicas (compressão de um gás, mistura de gás por difusão, mudança de estado sólido-gasoso) e o nível particular.

A fim de desafiar a tendência espontânea dos alunos em atribuir às partículas as propriedades observáveis da matéria, algumas propriedades das partículas foram dadas aos alunos como base de trabalho: indivisibilidade, indeformabilidade, massa invariável. Trata-se então, para eles, de fazer com que essas propriedades funcionem como uma espécie de "agenda" que deve ser respeitada, para retraduzir na sintaxe desse modelo embrionário as observações físicas macroscópicas.

J.-C. Genzling e uma equipe do INRP propuseram a alunos da escola primária atividades comparáveis de modelização em ciências físicas, mas também se esforçam em estruturar de maneira metacognitiva a própria ideia de modelo, fazendo com que os modelos construídos fossem comparados em situações experimentais variadas (dissolução, evaporação, aquecimento de um condutor, astronomia...). Dessa forma, são empregados para fazer com que os alunos distingam, de maneira simples, a diferença entre o nível do referente empírico e o dos modelos, através da concientização de que pode-se encontrar vários modelos para explicar um mesmo fenômeno e que, inversamente, um mesmo modelo pode explicar fenômenos aparentemente muito diversos.[39]

Dessa forma, um trabalho didático sobre a modelização não se opõe ao trabalho experimental, mas sim o complementa. É claro que nem todos os modelos científicos são equivalentes, e que cada um deles faz com que intervenham de maneira específica três elementos em interação: a) Uma figuração mais ou menos visual (maquetes, modelos de estrutura...); b) Uma construção teórica substitutiva em relação aos dados empíricos; c) Uma formalização matemática que permita a previsão e o cálculo. É claro que entre os modelos reduzidos construídos para melhor prevenir as avalanches e os modelos formalizados em forma de sistema de equações, há toda uma distância que separa a analogia do homotético e da homologia.[40]

---

39. Ver o n. 7 da revista *Aster*, dedicado à *Modelização*, Paris: INRP, 1988.
40. Georges Canguilhem, "Modèles et analogies dans la découverte en biologie", *Etudes d'histoire et d'épistemologie des sciences*, Paris: Vrin, 1968; Mario Bunge, *Philosophie de la physique*, Paris: Seuil, 1975.

Desse ponto de vista, a natureza dos modelos é uma indicadora do estado de avanço de uma ciência ou de uma teoria: vem um momento, como diz M. Bunge, em que não se recorre mais aos "como se", mas em que se produzem apenas explicações literais. No entanto, ela está igualmente ligada à natureza das disciplinas, e um modelo em biologia nunca atingirá a formalização de um modelo em física. Melhor ainda, deve-se estar constantemente vigilante diante de tentativas reducionistas do tipo físico-química, pois estas tendem a levar a um quadro mecanista as propriedades específicas do ser vivo.

5
OS MODOS DE INTERVENÇÃO DIDÁTICA E SUA FORMALIZAÇÃO POR MODELOS PEDAGÓGICOS

Todo modo de intervenção didática caracteriza-se por um conjunto de procedimentos pedagógicos. Estes correspondem a uma escolha de hipóteses de aprendizagem, de valores e de finalidades no interior das quais se inscreve toda instituição escolar. A natureza dessas escolhas e sua combinatória conduzem à diferenciação de inúmeros modelos pedagógicos.

Se um modelo conduz à descrição da organização integrada de um conjunto de conceitos,[1] chamaremos de modelo pedagógico o edifício abstrato, articulando, numa coerência que lhe confere sentido, diversos elementos de uma prática tal que se materialize, entre outros, através dos métodos, das técnicas e das ferramentas.

---

1. A esse respeito, Georges Lerbet diferencia o modelo do paradigma em *Approche systémique et production de savoir*, Paris: Edições Universitárias/UNMFREO, 1984. O modelo estaria no conceito (operativo) sendo que o paradigma está na noção (figurativa).

A caracterização dos modelos pedagógicos permite religar o manifesto e o escondido, o visível e o invisível, o explícito e o implícito, indo por um esforço de abstração, além das realidades materiais observáveis.

I. Exemplos de famílias de modelos pedagógicos saídos de diferentes áreas de pesquisa

Seguindo os critérios de observação utilizados para descrever práticas pedagógicas, os autores caracterizam diferentes famílias de modelos pedagógicos.

As três famílias que apresentaremos são tiradas de áreas de pesquisas diferentes, tendo cada uma sua própria coerência interna.

1. Os modelos pedagógicos de G. Ferry[2] – Aqui, a área de pesquisa é a da psicologia e o campo de aplicação o da formação de professores.

O princípio da categorização é o do processo de formação, de sua dinâmica formativa e de seu modo de eficiência.

G. Ferry distingue três modelos pedagógicos:

- o modelo centrado nas aquisições que visa a competência;
- o modelo centrado no encaminhamento que privilegia a experiência;
- o modelo centrado na análise que subordina o saber-fazer às representações.

Esses três modelos poderiam assim ser simplesmente especificados:

---

2. Gilles Ferry, *Le trajet de la formation*, Dunod, 1983.

Modelo centrado nas aquisições	Modelo centrado no encaminhamento	Modelo centrado na análise
Redução da formação a aprendizagens no sentido estrito (*skills*).	Alargamento da formação ao valor formativo de um percurso pessoal (*insight*).	Centralização da aprendizagem sobre um "saber analisar" que aumenta a ludicidade.
Lógica externa à atividade: a formação é "preparatória".	Lógica do desvio: a formação é uma ocasião de experiências sociais.	Lógica do distanciamento pela auto-observação de sua prática.
Caráter sistemático das aprendizagens.	Aposta antifuncionalista acreditando na noção de alternância.	Busca da producão de sentido a partir das práticas.
A prática é uma aplicação da teoria.	A prática se transfere de uma prática a uma outra prática.	Um vaivém do tino regulação se estabelece entre teoria e prática.

2. Os modelos pedagógicos de M. Lesne[3] – A área de pesquisa é a da sociologia e o campo de aplicação o da formação de adultos (não necessariamente professores).

O princípio da categorização é o processo de socialização dos indivíduos.

M. Lesne distingue três modelos pedagógicos (que ele qualifica de modos de trabalho pedagógico):

- MTP 1: o modo transmissivo com orientação normativa;
- MTP 2: o modo incitativo com orientação pessoal;
- MTP 3: o modo apropriativo centrado na inserção social.

M. Lesne especifica seis caracterizações para analisar cada um desses modelos. Ater-nos-emos a três desses, a seguir, a título de exemplos.

---

3. Marce Lesne, *Travail pédagogique et formation d'adultes*, Paris: PUF, 1977.

MENÇÃO AO SABER:

- MTP 1: acentua a existência de um saber objetivo, cumulativo e sua aquisição a curto prazo;
- MTP 2: acentua a integração das informações ao sistema pessoal de conhecimentos, utilizáveis a médio ou longo prazo;
- MTP 3: acentua a remodelagem do saber em função do problema ao qual há interesse.

MODO DE EXERCÍCIO DO PODER:

- MTP 1: aceitação (ou mesmo reivindicação) da hierarquia introduzida pela desigualdade dos saberes entre os alunos e o professor;
- MTP 2: negação de uma hierarquia de poder consecutiva a uma desigualdade de saberes; exercício indireto do poder preferindo o modo identificatório ao modo incômodo (a sedução à autoridade);
- MTP 3: negociação do poder reconhecendo-se as dissimetrias e assumindo-as sem exacerbá-las nem supervalorizá-las; dissociação entre a avaliação da ação e da produção por um lado, e a avaliação dos alunos por outro.

LÓGICA DA TAREFA

- MTP 1: lógica da efetuação de tarefas sucessivas parciais cuja compreensão global é adiada para mais tarde;
- MTP 2: lógica da autodefinição da tarefa pelos alunos;
- MTP 3: lógica do contrato, valorizando a interiorização das exigências da tarefa pelo formado.

3. Os modelos pedagógicos de B.R. Joyce[4] – Aqui, os modelos pedagógicos são caracterizados por uma das quatro seguintes dominantes:

---

4. Bruce R. Joyce, *Models of teaching*, Nova York: NY University Press, 1972.

- o tratamento da informação;
- a modificação do comportamento;
- o desenvolvimento da pessoa;
- as interações sociais.

Na dominante "Tratamento da informação", o que importa é a estrutura do saber. Assim, convém ensinar aos alunos a organizar os conhecimentos, classificando-os, organizando-os, integrando-os, em vez de apenas memorizá-los. O docente é quem desenvolve primeiramente metodologias eficazes.

Na dominante "Modificação do comportamento", o que importa é a construção rigorosa de cada sequência a fim de criar bons hábitos, bons reflexos nos alunos. O docente é antes de tudo alguém que planifica, que destrincha o trabalho em pequenas unidades.

Na dominante "Desenvolvimento da pessoa", o que importa é o ato pessoal de aprendizagem do aluno, ato esse considerado tanto em seu encaminhamento quanto em seus resultados. O docente é então, antes de tudo, aquele que estimula, que aconselha, que torna possível as evoluções.

Na dominante "Interações sociais", o que conta são as trocas. Por isso o trabalho em grupos é mais valorizado. O docente facilita a organização coletiva da tarefa a ser realizada e é sensível aos elos entre saber e vida social.

4. A comparação dessas três famílias de modelos pedagógicos mostra cruzamentos parciais entre elas, sem recobrimento total. São possíveis passagens de um autor a outro. Por exemplo:

- o modelo centrado no desenvolvimento da pessoa, de Joyce, centrado na análise, de Ferry, e o tipo interativo centrado no desenvolvimento pessoal, de Lesne;
- o modelo centrado nas interações sociais, de Joyce, o modelo centrado no encaminhamento, de Ferry, e o tipo apropriativo centrado na inserção social, de Lesne.

II. O modelo pedagógico por investigação-estruturação

Ele caracteriza as atividades didáticas que visam auxiliar os alunos a se apropriarem do saber e não apenas recebê-lo. Tal modelo confere, dessa forma, igual importância aos momentos durante os quais os alunos pesquisam, e estão em situação de investigação, e os momentos durante os quais os alunos são colocados em situação de estruturar essas investigações.

Esse modelo pedagógico integra certas dimensões dos modelos precedentes e remete de maneira mais sintética a três características das práticas pedagógicas de um docente:

- a forma das aprendizagens (espontâneas, heurísticas ou sistemáticas);
- o estilo pedagógico do docente (incitativo, interativo ou normativo);
- o modo de atividade didática (atividades funcionais, atividades de resolução de problemas, atividades de síntese).

1. As hipóteses de aprendizagem do modelo por investigação-estruturação – São de três ordens: psicológica, epistemológica e didática.

A) *A aprendizagem não preenche um vazio* – O aluno não chega à escola virgem de saberes, de técnicas, de questões e de ideias sobre o mundo e sobre as coisas que o cercam. Donde a consideração das representações do aluno. Duas práticas para o docente são possíveis frente a essas representações:

- Considerar que o que importa é conhecê-las antes de qualquer ação pedagógica. Nesta perspectiva, prever sua progressão, as atividades que deixariam falhas certas ideias falsas demarcadas no final de uma caracterização individual dessas representações, anteriores à ação pedagógica propriamente dita.
- Julgar que o elemento importante em sua própria progressão é a expressão coletiva dessas representações durante a ação

pedagógica em si. Sua intenção é então provocar conflitos sociocognitivos que possam conduzir a uma busca de procedimentos de verificação.

B) *A aprendizagem deve ser significativa para o aluno* – Todos os trabalhos que tratam sobre a educação insistem na importância "do verdadeiro interesse que é o que reconhece a correspondência de um fato ou de uma ação com o apetite do eu".[5]

Os trabalhos de psicolinguística também mostraram a importância de enraizar o emprego de um código linguístico elaborado na vida social e autêntica do aluno, enquanto os modelos pedagógicos tradicionais, mantendo os alunos de meio desfavorecido numa situação passiva, não conduzem à consciência das exigências do pensamento racional e de seu suporte linguístico.[6]

C) Durante aprendizagens, convém valorizar o diálogo do aluno com os objetos e com seus colegas, assim como as atividades de simbolização.

O conhecimento científico se diferencia do pensamento comum porque é construído (por um processo de desrealização ele se desprende da experiência imediata), coerente (visa demarcar, no fluxo irreversível dos fenômenos, relações gerais e demarcáveis que nos permitam organizar os dados da experiência, de prever os acontecimentos e de agir sobre eles) e sempre em deslocamento (é retomado desde que uma exceção se afigure).

a) O conhecimento científico provém de um vaivém entre situações concretas e um *corpus* simbólico.

Esse vaivém desenvolverá atitudes e métodos sem os quais a aquisição de noções científicas é ilusória.

Ele conduzirá também à construção de modelos que serão mostrados como não sendo a realidade, mas um panorama simplificado,

---

5. John Dewey, *L'intérêt et l'effort*, Neuchâtel: Delachaux & Niestlé, 8ª ed., 1970.
6. Brasil Bernstein, *Langage et classes sociales*, Paris: Editions de Minuit, 1915.

construído a fim de explicar certos fatos. Panorama que deverá ser modificado para explicar outros fatos.

b) O conhecimento científico impõe atividades que permitam ressituar aquisições científicas pontilhistas no cerne do saber socializado. Atividades de síntese permitem ultrapassar uma aquisição pontual extraída de um problema preciso seja para dar-lhe uma extensão maior por generalização, seja para confrontar diversas aquisições e, por ajustamento, chegar a um enunciado único que englobe aqueles anteriormente distintos.

D) O saber científico é constituído de conceitos que podem ser apreendidos em diferentes níveis de formulação e que não se organizam de maneira linear, mas de acordo com redes e tramas conceituais (cap. 3). Os procedimentos pedagógicos provenientes desta hipótese epistemológica constituem um argumento suplementar para que existam atividades de síntese que têm por objetivo:

– articular enunciados anteriores para constituir um novo enunciado globalizante;
– remodelar um enunciado anterior para torná-lo mais geral.

2. O modelo pedagógico por investigação-estruturação integra as aprendizagens somente por investigação e as aprendizagens por transmissão-recepção.

A) Durante a aprendizagem por investigação, apenas os objetivos não são anteriormente dados e a finalidade das atividades corresponde essencialmente ao desenvolvimento de atitudes tais como a confiança em si mesmo, a capacidade de se surpreender e de questionar. Esta é a razão pela qual se fala cada vez mais de aprendizagem espontânea.[7] O jogo constitui forma mais característica das aprendizagens espontâneas que

---

7. Androula Christophidès-Henriquès, "Comment dialoguer avec les objets, ou l'enseignement des sciences expérimentales à l'école primaire: perspectives piagétiennes", *Cahiers de la section des sciences de l'éducation de l'université de Genève*, 2, 1976.

estão ligadas à procura de um prazer, à satisfação de uma necessidade, e têm uma significação profunda.

B) Durante a aprendizagem por transmissão-recepção, a programação das aquisições comanda a sucessão das atividades, seja na totalidade, seja por intermédio de programas-nós.

Um exemplo prototípico, simples e não ambíguo, serve de suporte para "purgar" as representações espontâneas. O que existe de imediato é a aquisição de um saber teórico contextualizado num quadro disciplinar. A aplicação desse saber em situações de vida mais complexas ocorre num segundo momento.

Essas aprendizagens não excluem os trabalhos práticos, que são, no mais das vezes, atividades de aplicação ou aprendizagem de técnicas. Assim, é privilegiado o rigor lógico imposto pelo adulto e a transmissão de uma aquisição social em relação à criação que é julgada a corresponder apenas às necessidades individuais.

C) A aprendizagem por investigação-estruturação rearticula as duas formas de aprendizagem precedentes e lhe confere coerência.

A progressão das atividades é comandada pela necessidade de fazer emergir problemas científicos de problemas de vida, a fim de tornar as aprendizagens significativas.

É apoiando-se nas representações dos alunos que se chega ao termo de uma atividade heurística como a resolução de problema por um saber objetivo.

Apenas depois de terminado é que esse saber objetivo ao nível do grupo-classe é confrontado ao saber socializado e estruturado em relação aos conceitos integradores para o nível de classe em questão. A individualização dos encaminhamentos nesse modelo não resulta numa balcanização da classe com a condição de garantir que um quadro problemático e de comunicação seja possível entre os alunos.

O quadro IX, inspirado nos trabalhos das equipes de pesquisas em didática das ciências do INRP, mostra como o modelo pedagógico por investigação-estruturação articula as aprendizagens por investigação e as aprendizagens por transmissão-recepção.

Quadro IX – Modelo pedagógico por investigação-estruturação

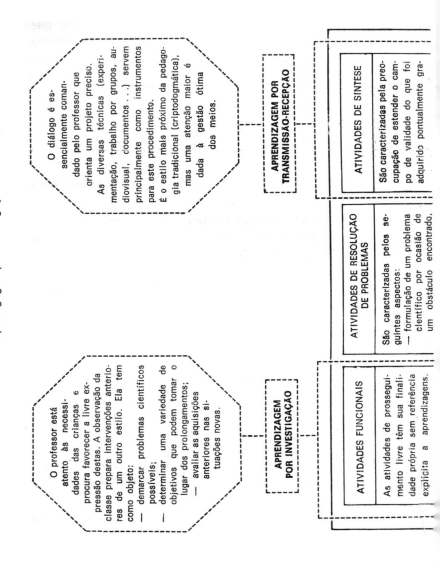

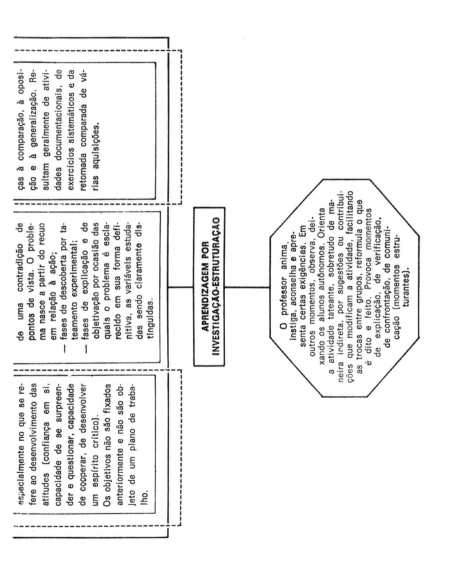

A didática das ciências

6
DIDÁTICA DAS CIÊNCIAS E FORMAÇÃO DOS PROFESSORES

As formações de professores se nutrem da hipótese que uma maior mestria dos saberes acadêmicos e profissionais dos educadores influi positivamente no sucesso escolar dos alunos.[1] Nós nos situaremos no seio desta escola de pensamento. Na França, nos dias de hoje, a formação "acadêmica" e a formação profissional dos educadores são totalmente dissociadas no plano especulativo e institucional: a Universidade primeiramente, o CPR* ou a Escola normal de professores primários depois...

Não se trata absolutamente, apesar do interesse evidente que esta ideia representaria, de pensar aqui em unificar as duas formações no seio da Universidade. Seria, no entanto, a ocasião de trabalhar a partir das representações dos estudantes, de considerar uma reflexão epistemológica

---

1. Mohamed Cherkaoui, *Les paradoxes de la réussite scolaire*, Paris: PUF, 1979, quanto a ele, traz à pauta esta hipótese.

* Centre Pédagogique Régional, atual CAP, Certificat d'Aptitudes Professionnelles. (N.T.)

A didática das ciências 111

a respeito dos conteúdos abordados, de integrar uma história das ideias com a exposição dos saberes..., em suma, integrar os dois lados na sala de trabalhos práticos e na classe.

Uma formação profissional dos professores incluindo uma formação na didática é a única em questão aqui.

I. As características de uma formação de professores

1. As especificidades da profissão de professor – A profissão de professor é antes de tudo uma profissão de tomada de decisão em sistemas complexos onde interagem inúmeras variáveis das quais o professor faz parte.[2]

Assim, o professor deve dispor de ferramentas que lhe permitam esta gestão do complexo e a rápida tomada de decisão. Essas ferramentas devem ser buscadas na observação, na análise, na gestão, na regulação e na avaliação de situações educativas.

Quatro famílias de variáveis nos parecem identificáveis, que poderão dar corpo à formação.

• Ensinar é comunicar. O professor é um homem de comunicação preocupado em escutar e ajudar os alunos por quem é responsável. Em termos psicológicos falar-se-ia de necessárias qualidades de empatia e de congruência.[3] Quanto a Ph. Meirieu,[4] ele prefere falar de educabilidade. Ensinar é acreditar em sua capacidade de poder sempre ajudar o outro a se apropriar do saber. Esta confiança última no docente coloca o educador num dilema. Quando espera – para

---

2. Evelyne Charlier e Jean Donnay, "Un enseignant: un décideur", *in Scientia Paedagogica Experimentalis*, XXIV, 2, 1987.

3. Poder-se-á fazer referência especialmente às obras de Carl Rogers, *Le développement de la personne*, Paris: Dunod, 1967, e de Jacques Salomé, *Relation d'aide et formation à l'entretien*, Lille: PUL, 1986.

4. Philippe Meirieu, *op. cit.*

ele – ser o agente do desenvolvimento de seus alunos, deseja – para eles – em nome de sua liberdade, que eles sejam os sujeitos de sua própria evolução.

A formação dos professores não pode ignorar esta dimensão da formação das pessoas.

• O professor tem de dominar os conteúdos a ensinar. Esta evidência deveria ser acompanhada não apenas de um conhecimento dos elementos de programas, mas também de uma visão mais geral da disciplina a ensinar, em termos de princípios organizadores, de campos nocionais, de tramas conceituais. Trata-se de entrever a disciplina não como um *patchwork* sem unidade, correspondendo cada elemento a um conceito, mas como um mosaico expressivo constituído por conceitos ligados uns aos outros.

Assim, os saberes "acadêmicos" específicos à disciplina não deveriam ser abordados sem reflexão epistemológica.

• Para o professor observar, analisar, gerir, regular e avaliar as situações de aprendizagem que ele coloca, necessita de ferramentas diversas que se apoiam na reflexão didática.

• Pelos procedimentos que o professor utiliza, pelas escolhas que faz, pelo contrato didático que implanta, ele se refere implicitamente a um conjunto de valores e de finalidades do qual deve ter consciência.

Qual modelo pedagógico permite levar em conta este sistema de valores?

2. Os instrumentos necessários ao professor – A didática, com o espírito pedagógico que começa a desenvolver,[5] propõe diferentes conceitos que podem concorrer na instrumentação dos professores de ciências em termos de previsão, de observação, análise, gestão, regulação e avaliação de situações de aprendizagem e de ensino.

---

5. Jean-Louis Martinand, "Quelques remarques sur les didactiques des disciplines", *in Les Sciences de l'Éducation: Pour l'Ère nouvelles*, 1-2, 1987.

Funções do professor	Conceitos didáticos Espírito pedagógico
Previsão	Taxonomias de objetivos Tramas conceituais Registros de formulação Práticas sociais de referência Situações didáticas Variáveis didáticas
Observação, análise	Representações Contrato didático
Gestão, regulação	Objetivos-obstáculos Planejamento-balanço
Avaliação	Documentos de autoavaliação Grades de observação das atitudes e dos métodos

3. Os princípios formadores – O princípio de isomorfismo preconiza que é fazendo com que os formados vivam e analisem situações semelhantes – ao nível das atitudes, dos encaminhamentos, ou mesmo dos conteúdos – àquelas que poderão dar a conhecer a seus alunos, que o formador ajuda duplamente os formados a integrarem o conjunto dos procedimentos em jogo, pois assimilam toda sua significação.

Trata-se, de fato, de um princípio, isto é, de uma proposição primeira admitida no início da ação. Os fundamentos desse princípio devem ser buscados num nível psicológico profundo, devido aos processos de identificação entre o formado e o formador. O formado descobre, através da imagem do formador que ele analisa e da situação que ele vive, a visão de um comportamento possível para o formador, em que ele se terá tornado no término da formação.

Para G. Le Bouedec, formar alguém é trocar suas representações.[6] As representações são assimiladas tornando-se verdadeiros filtros

---

6. G. Le Bouedec, "Méthodologie d'une formation professionnelle des enseignants", *in Les sciences de l'éducation paur l'ère nouvelle*, setembro 1986.

114 Papirus Editora

através dos quais o indivíduo apreende e constrói o mundo, determina suas trocas com o outro, assim como seus comportamentos. Levar em conta a consideração das representações dos formados como um princípio formativo conduzirá a permitir e a organizar a expressão livre dos indivíduos sobre suas imagens da profissão, da disciplina a ensinar, dos alunos, de sua experiência vivenciada, do que gostam, do que têm dúvida, do tipo de professor que desejariam ser... Para o formador, será uma questão de estar à escuta, de excluir qualquer julgamento de valor, de ajudar na formação. Depois disso, será necessário ajudar na análise dessa expressão a fim de extrair dela o modelo interno com seus limites e suas incoerências. Enfim, partindo dessas representações, o formador apresentará um modelo novo, tendo cada indivíduo que reformular sua experiência, em relação a seus conceitos novos e, por fim, finalizar um projeto em relação a esses. Levar em conta prioritariamente as representações em formação ajudará a melhorar as estratégias de aprendizagem dos formados.

Por outro lado, as atividades de pesquisa constituem uma vertente importante da formação na medida em que conduzem à resolução dos problemas que realmente se colocam aos formados. Há razões aqui para se distinguir as inovações e diferentes tipos de pesquisas às quais os formados podem se iniciar no período de formação (cf. III).

II. Áreas e modalidades de uma formação de professores de ciências na didática

1. Modelos pedagógicos do formado e do formador – O formador possui um quadro de referência para as práticas de aprendizagem e de ensino que ele deseja ver operadas pelos formados. O formador possui um modelo pedagógico pessoal. Ele deseja, por exemplo, que as representações dos alunos constituam o material de base a partir do qual o professor poderia pensar seu ensino, atribui importância ao contrato didático em classe...

A didática das ciências 115

O formado, por sua vez, possui também representações a respeito dos alunos, do ensino, de sua função, do lugar a conceder ao saber... Essas representações encontram coerência ao nível da representação da disciplina, para J. Nimier,[7] porque mantêm vínculos estreitos com a maneira segundo a qual esta se inscreve na vida dos formados, em sua história pessoal. Assim, o formado chega em formação com um modelo pedagógico implícito.

O tempo da formação conduz a uma confrontação entre o modelo pedagógico implícito dos formados e o modelo de referência do formador, modelo esse também muitas vezes implícito. Ao término da formação, o formado terá construído um modelo pedagógico personalizado.[8]

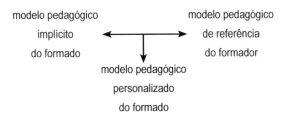

2. As modalidades de uma formação – Vários modos de formação são possíveis:[9]

- A formação por observação: trata-se de colocar o formado em contato com realidades de aprendizagem ou de ensino no objetivo de ajudá-la a analisar essas situações. Pode tratar-se

---

7. Jacques Nimier, *Les maths, le français, les langues... à quoi ça me sert*, Paris: Cedic-Nathan, 1986.
8. Michel Develay, *Contribution à la définition d'un modèle de formation initiale des instituteurs, en activités d'éveil biologiques*, tese de doutorado, Université Paris VII, 1982.
9. Nós nos servimos aqui abundantemente de um artigo de Gérard Mottet do *Bulletin* n. 5 do Comitê de Coordenação das Escolas Normais, publicação do Ministério da Educação Nacional.

da observação dos alunos em situação de classe, da observação de auxiliares didáticos, da observação de produções dos alunos, de organização de salas de trabalho...

- A formação por instrução que coloca o formado em situação de recepção de uma informação do formador.

- A formação por produção: consiste em colocar o estagiário em situação de realizar materiais diversos: auxiliares didáticos, instrumentos de observação, de gestão, de regulação, banco de dados escritos ou audiovisuais em ligação com problemas aos quais ele procura dar uma solução.

- A formação por simulação: dá aos formados a possibilidade de exprimir. através de situações diferentes (jogos de funções, expressões diversas...) suas representações pessoais de uma situação.

- A formação por documentação coloca os formados em situação de utilizar bancos de dados sobre as práticas, conteúdos, atitudes a fim de extrair deles as informações que reclamam.

- A formação por retroação graças a práticas de autoscopia ou de heteroscopia pode permitir aos formados a observação de seu comportamento e de reinvestir numa nova ação o resultado de sua análise.

Geralmente é cruzando essas modalidades de formação com as áreas da formação que esta última ganha corpo.

III. Por uma formação pela pesquisa

Em formação inicial, com a condição que os professores estejam em contato com as realidades das classes, mas ainda mais em formação contínua, diferentes problemas podem ser identificados pelos formados, cujas soluções seriam facilitadoras para a gestão das aprendizagens dos alunos.

Estes problemas podem então constituir a ossatura de uma formação que visaria resolver segundo as metodologias da pesquisa em educação, e mais particularmente as da pesquisação.[10]

Essas pesquisações teriam por finalidade religar o que, para Bolle de Balle,[11] é habitualmente separado no período da formação: a teoria e a prática, o psicológico e o social, o afetivo e o intelectual, o saber sendo concebido e a realidade sendo construída.

A pesquisação que reside na produção concreta da mudança e permite uma teorização da ação visando a elaboração de modelos ou de conceitos teóricos em interação com a ação pedagógica, para L. Sprenger-Charolles *et al.*,[12] conduz a um encaminhamento em seis etapas principais podendo funcionar linearmente, ou em interação:

- a identificação e a formulação do problema;
- a análise teórica do problema e a compilação dos primeiros dados objetivos;
- a formulação de hipóteses de ação pedagógica ou de proposições de intervenção;
- o teste das proposições;
- o ajustamento das intervenções se for necessário;
- a avaliação dos resultados.

Pensar a formação em ligação com a pesquisa em didática deveria valorizar uma função de auxílio na decisão para *os* professores. Essa função,

---

10. Para um aprofundamento do conceito de pesquisação, poderíamos citar especialmente "La recherche-action", *Pour*, 90, junho-julho, 1983.
11. Bolle de Balle, "Nouvelles alliances et reliance: deux stratégies de la recherche-action", *in Revue de l'Institut de Sociologie*, 3, 1981.
12. Liliane Sprenger-Charolles, Roger Lazure, Gilles Gagné, Françoise Ropé, "Propositions pour une typologie des recherches", *in Perspectives documentaires en sciences de l'éducation*, 11, 1987.

como observa J.-L. Martinand,[13] posicionar-se-ia em relação às ciências da educação e ao espírito pedagógico de acordo com o esquema abaixo.

Com V. Host[14] H e A. Tiberghien[15] quatro campos de pesquisas em didática das ciências experimentais podem ser atualmente identificados:

- Pesquisas a respeito dos conteúdos disciplinares que conduzem por vezes a verdadeiras pesquisas curriculares, isto é, pesquisas que visam a caracterização de conteúdos e a produção de documentos de acompanhamento para auxiliar sua operacionalização: documentos direcionados aos alunos, aos professores e aos formadores;
- Pesquisas a respeito dos processos de aprendizagem e dos procedimentos de ensino que procuram articular as diferentes variáveis da ação educativa: a dimensão epistemológica, a dimensão psicológica, as interações sociais. As pesquisas a

---

13. Jean-Louis Martinand, *op. cit.*
14. Victor Host, "Recherches françaises en didactique de la biologie", *in Actes des V^{es} Journées internationales de Chamonix sur l'Education scientifique: Quels types de recherches pour rénover l'éducation en sciences expérimentales?*, Paris: Université Paris VII, "Didactique des disciplines", 1983.
15. Andrée Tiberghien, "Quelques élements sur l'évolution de la recherche en didactique de la physique", *in Revue Française de Pédagogie*, 72, 1985.

respeito das representações dos alunos, das aprendizagens por resolução de problemas constituem exemplos disso;

– Pesquisas centradas na construção e na regulação de um modelo pedagógico que conduz entre outras, à confecção de instrumentos de observação permitindo leituras de classes não normativas, ou que se interessem sobre as condições de uma avaliação formativa ou cumulativa;

– Pesquisas a respeito da organização escolar e que levam em conta a reflexão didática e de problemáticas outras, como a pedagogia de projeto, o trabalho autônomo, a pedagogia diferenciada, a descompartimentação disciplinar...

As problemáticas de pesquisações assim abordadas no período da formação conduziriam os professores – é a hipótese forte que introduz a vontade de pensar uma formação pela pesquisa e não somente uma formação à pesquisa – a uma maior capacidade de análise das situações e das tomadas de decisões, graças ao olhar clínico que teriam de lançar sobre as situações que encontram.

BIBLIOGRAFIA

ASTOLFI, J.-P. e outros (1978). *Quelle éducation scientifique, pour quelle société?*. Paris: PUF.

_____ (1984). *Expérimenter: Sur les chemins de l'explication scientifique.* Tolouse: Privat.

CAUZINILLE, E.; MATHIEU, J. e WEIL-BARAIS, A. (1983). *Les savants en herbe.* Berna: Peter Lang.

DE CORTE, E. e outros (1979). *Les fondements de l'action didactique.* Bruxelas: De Boeck.

FOUREZ, G. (1985). *Pour une éthique de l'enseignement des sciences.* Lyon/ Bruxelas: Chronique Sociale/Vie Ouvrière.

GINSBURGER-VOGEL, Y. (1987). *Apprentissages scientifiques au collège et pratiques documentaires.* Paris: INRP.

GIORDAN, A. (1978). *Une pédagogie pour les sciences expérimentales.* Paris: Le Centurion.

_____ (org.) (1983). *L'élève et/ou les connaissances scientifiques.* Berna: Peter Lang.

GIORDAN, A. e DE VECCHI, G. (1987). *Les origines du savoir.* Neuchâtel/ Paris: Delachaux & Niestlé.

A didática das ciências 121

HALBWACHS, F. (1974). *La pensée physique chez l'enfant et le savant.* Neuchâtel: Delachaux & Niestlé.

MARTINAND, J.-L. (1986). *Connaître et transformer la matière.* Berna: Peter Lang.

RUMELHARD, G. (1986). *La génétique et ses représentations dans l'enseignement.* Berna: Peter Lang.

SANNER, M. (1983). *Du concept au fantasme.* Paris: PUF.

VIENNOT, L. (1979). *Raisonnement spontané en dynamique élémentaire.* Paris: Hermann.

Recherche en didactique de la physique (1984). Les actes du premier atelier international (La Londe les Maures). Paris: CNRS.

Publicações do INRP

– Coleção "Recherches pédagogiques"

Biologie en 6ᵉ - 5ᵉ (analyse des objectifs), n. 55 (1972).

Activités d'évil scientifique à l'école élémentaire, n. 62 (1973), n. 70 (1974), n. 74 (1975), n. 86 (1976), n. 108 (1980), n. 110 (1980).

Eveil scientifique et modes de communication, n. 117 (1983).

– Coleção "Rapports de recherches"

Procédures d'apprentissage en sciences expérimentales, 1985.

– Coleção "Collèges"

Formation scientifique et travail autonomie, 1985.

– Revista Aster

N. 1: *Apprendre les sciences*, 1985.

N. 2: *Eclairages sur l'énergie*, 1986.

N. 3: *Explorons l'écosystème*, 1986.

N. 4: *Communiquer les sciences*, 1987.

N. 5: *Didactique et histoire des sciences*, 1988.

N. 6: *Les élèves et l'écriture en sciences*, 1988.

N. 7: *Modèles et modélisation*, 1988.

— Coleção "Rencontres pédagogiques"

Chaud... froid... pas si simples, 1985.

Energie, un enseignement pluridisciplinaire, 1985.

Especificações técnicas

Fonte: Times New Roman 11 p
Entrelinha: 14 p
Papel (miolo): Offset 75 g/m^2
Papel (capa): Cartão 250 g/m^2